JN086233

結局、「しつこい人」がすべてを手に入れる

伊庭正康
Iba Masayasu

アスコム

考えてみてください。
人生でうまくいかなかったことについて。
足りなかったものは何だったのか？

この本は「しつこさ」の重要性と
それによって成し遂げられるであろう
可能性について書いた本です。

「しつこい」という言葉からは、
くどい、粘着、こだわって煩わしい、
そんなネガティブなイメージを
思い浮かべる人が多いでしょう。
漢字では、「執拗い」と表記されることもあり、
日常会話では、
あまりいい文脈では使われません。

しかし、不思議なことに、
自分の心に向かって、
「しつこくやるか」

と言うときは、ポジティブな意味合いで、
使いませんか？

このときの「しつこく」を言い換えるなら、
何度も何度もアタックする、
あきらめずに継続する、
どんなことでも徹底する、
コツコツと地道にやり抜く、
といったことですね。
一気にキラキラしたものになりました。

本書で解説するのは、
この「しつこさ」で、
みなさんに身につけてほしいものです。

実は、スティーブ・ジョブズ、ジェフ・ベゾス
イーロン・マスクなどの世界的な成功者が、
この「しつこさ」の重要性を語っています。

日本でも、西野亮廣さんやHIKAKINさんなど、
徹底する人、やり抜く人が、大きく支持を集めています。

「しつこさ」には、
圧倒的なパワーがあるんです。

ただ、あまりにも当たり前で、
きわめてシンプルなことであるため、
わざわざ注目されることもなく、
見過ごされがちです。

そこで、まずは、
「しつこさ」をもやっとした言葉のイメージではなく、
「スキル」の一つとして捉えなおしてください。

見え方が変わりませんか？

本書では、
たとえ意志が弱くても、
特別な才能や技術がなくても、
ちょっとした工夫と、
想像力を膨らませるだけで、
誰でも、「しつこく」なれる方法を紹介します。

必要以上に、がんばる必要はありません。

そのやり方を知っていれば、
人生はいまよりもっと好転するはずです。

やりたかったことを実現させる。
人間関係をよくする。
仕事で成果をもっと出す。

「しつこさ」を武器にして、
たった1回の人生であなたの望むものを
手に入れてください。

当てはまるものをチェックしてください。

あなたが、どういうタイプの
「しつこくできない人」かが、わかります。

A	□決意したことが、3日と続かない □すると決めたのに、忙しくて先延ばし □いろんなことに手を出して、どれも中途半端
B	□結果が出ないと、さっさとあきらめる □だんだんと面倒になり、気がつけばやらなくなる □無理をしてしまい、体力が持たなくなる
C	□自分に自信を失い、やる気がなくなる □どうせ、うまくいかないと思いこんでやめがち □問題を自分ひとりで解決しようとして、そのまま挫折
D	□目標未達でも「十分にやったので終了」と判断しがち □うまく行かないと、他のことに目移りする □感情的に「もう、いいや」と投げやりになる

一番チェックが多くついたのは、
A〜Dのどれでしょうか？
詳細は、98ページで解説します。

はじめに

改めて自己紹介します。株式会社らしさラボの伊庭正康と申します。

らしさラボでは、「期待に応えるだけではなく、期待を超える」をモットーに、多くの企業様をお相手に研修メニューを提供しています。

いまでは年間２００回、受講いただいたビジネスパーソンは累計4万人を超えました。おかげさまで、９割以上の企業様から、リピートいただいております。

前職のリクルートでは、求人広告の営業をしていました。

ただ、20代のころは大変苦労しました。営業でありながら、極度の人見知りだったからです。日々、偏頭痛に悩まされ、お客様からも顔色が悪いと心配されたこともあります。

しかし、訪問活動をコツコツと続けることで、人見知りを克服しました。4万件以上は訪問しました。そこからは、グングンと成績が伸び、プレイヤー部門とマネージャー部門の両部門で年間全国トップ表彰4回を受賞、社内表彰も40回以上受賞しました。

営業部長、関連会社の代表などを務めたあと独立し、現在に至ります。

これもいま振り返ると「しつこさ」の結果だな、と思っています。

自分で言うのもなんですが「しつこさ」だけは、誰にも負けない自信があります。

やると決めたことはとことん続けています。

ただ、「しつこさ」というと、具体的な方法論が見えづらく、ややもすると、根性だの、気合だの、といった話になりがちです。

私は、根性論といったものは大嫌いです。

むしろ、「しつこさ」には不要ではないかと思っています。

「しつこさ」に必要なのは、ちょっとしたコツを加えること。そしていろいろ妄想を膨らませることとです。

決して難しいことではありません。日々の仕事、行動に少し工夫を取り入れたり、お客様や大事な人、そして自分の未来を楽しく想像したりするだけです。

それが、「いいしつこさ」、根気強くやり抜く力につながっていくのです。

本書では、私の営業職での経験、研修トレーナーとして多くのお客様から学んだこと、国内外の研究・文献から得た知見をふんだんに盛り込みました。

いつも三日坊主になる、途中で挫折する、目標が定まらないといった方も、読み終えたら、すぐにでも実践できる方法ばかりです。

本書の第1章と第2章では、しつこさの重要性やしつこい人の特徴を分析しています。第3章以降で、しつこくあるための具体的な方法論を解説しています。また、第7章では、対人関係におけるしつこさについて触れています。「悪いしつこさ」を発揮すると、人に嫌われますからね。

また、各項目の冒頭には、「あなたはどっち?」という簡単なクイズを入れています。これには、絶対的な答えがあるわけではありませんが、本文を読む前に立ち止まって考えてみてください。

本書の方法を実践すれば、誰もが、「しつこく」なれます。ビジネスにも、勉強にも、ダイエットにも、そして恋愛と、いろんなシチュエーションで使えるスキルです。

本書が幸せを手に入れる一助となれば幸いです。ぜひ、みなさんの成功をつかんでください。

株式会社らしさラボ　代表取締役　研修トレーナー　伊庭正康

もくじ

第1章 人生の成功は、しつこさで9割決まる

第4章

「しつこく」なるための心の持ち方

第5章

スランプ・挫折の打開策

第6章

弱気になったときのメンタル克服術

第7章
人に嫌われないしつこさ、人を動かすしつこさを身につける

第1章

人生の成功は、しつこさで9割決まる

——しつこさがなぜ大事なのか、しつこさがもたらすメリットとは

ジョブズ、ベゾス、イーロン・マスク
大きな成果を出している人は
全員しつこい人

成功に
必要なもの

あなたはどっち？

□ 成功には才能が必要だと思う

□ 特別な才能がなくても成功できると思う

ビジネス書や、ネットで配信されている記事では、多くの成功者たちの人生のストーリーと出会えます。

なかでもアップルの共同創業者スティーブ・ジョブズ氏や、アマゾン創業者ジェフ・ベゾス氏、テスラCEOイーロン・マスク氏のストーリーは、いろいろなところで目にするはずです。

彼らのストーリーを読み、みなさんはどんな感想を持ちましたか？


「あれほどの成果を挙げて（富を築いて）すごいなあ」

と、ただただ感心する。

「どうせ何か特別な才能や人脈を持っているんでしょ」

と、うらやむ。

「自分の生き方とは次元が違う（何の参考にもならない）」

と、無関心を決め込む。

どの感想も、「ちょっともったいないな」と、私は思います。

なぜなら、人は、誰しも一度きりの自分の人生しか生きることができないからです。

一度きりの人生を、より幸せを感じて生きたい、と思いませんか？

そのためにはどうすればいいかと考えたとき、私が行きついたのは「他者の生き方から学ぶ」でした。他者の生き方から学び、そのコツを生かし、自分の一度きりの人生をより幸せに、より豊かに——という思いが、本書にはあるのです。

成功するための一番大切なコツ

コツを求め、ビジネスパーソンの行動や言動のキモは何か、しつこく探りました。

その結果、見つけたんです、成功を手に入れ、より幸せに生きるためのコツを。

例えば、ジョブズ氏は、

「成功と失敗の一番の違いは、途中であきらめるかどうか」＊1

ベゾス氏は、

「発明して、着手して、また発明して、もう一度着手して、やり直して、同じことをまた繰り返す。これを何度も行うのです。作り手は、成功への道は直線ではないとわかっています」＊2

マスク氏は、

「根気強さはとても重要だ。あきらめることを強いられない限り、あなたはあきらめるべきではない」＊3

といった発言をしています。

＊1　NHKの番組インタビューより　＊2『ベゾス・レター　アマゾンに学ぶ14ヵ条の成長原則』（すばる舎）より
＊3　Forbes JAPAN『イーロン・マスクの名言7選「一緒に働いている人が好きかどうかは、とても大切だ」』より

もう、おわかりですね。

そうなんです、成功者に共通しているのは、あきらめないこと、根気よく続けること、要は「しつこさ」なんです。

コレ！　と決めてしつこく突きつめた結果、彼らは成功を手にしました。

この他にも、ビル・ゲイツ氏は「**私は物事をとことん突き詰めるのが好きなんだ。そうすれば、たいてい良い結果が出るから**」＊4、また孫正義氏は「**しつこくしつこく考えて完成度を上げる**」＊5など、しつこさ、根気強さの重要性を語っています。

特別な才能や環境ではなく、「しつこさ」こそ、最強の成功哲学だったのです。

＊4　Forbes JAPAN『ビル・ゲイツの名言10選　「自分のことを、この世の誰とも比べてはいけない」』より
＊5　『孫正義 事業家の精神』（日経BP）より

いいしつこさと悪いしつこさ

とはいえ、「しつこい人」というと世間一般には、ものわかりが悪いとか、察しが悪いとか、相手を嫌な気持ちにさせるとか、ネガティブな印象が浮かぶかと思います。

しつこさには、「いいしつこさ」と「悪いしつこさ」があり、大事なのは前者です。

「失敗したところでやめてしまうから失敗になる。成功するところまで続ければそれは成功になる」＊6

と、パナソニックを一代で立ち上げた松下幸之助氏は言いました。

あきらめずにコツコツと続けること、しつこくやり続けること。

大事だけれどなかなかできないことではないでしょうか？

「いいしつこさ」が幸せな人生をつくる。

まずは、幸せに生きる大前提となるこのコツをしっかり意識しておきましょう。

＊6　パナソニックのウェブサイト資料より

しつこさを武器にしてほぼ0%の確率をひっくり返した話

営業をするとき

あなたはどっち?

□ 契約獲得可能性がほぼ0%なら他をあたる

□ ほぼ0%でもわずかな可能性に賭ける

では、「いいしつこさ」って何でしょう？

それを考えるために、一つのエピソードをご紹介します。

私がリクルートの求人広告の営業職をしていたときの先輩の話です。

A先輩は、難攻不落と噂される大手企業Bの社長に営業することになりました。

「毎日会社を訪問する」という作戦を立てたA先輩は、名刺にひと言書き、会ってもらえない相手に届け続けました。

「ひと言書く」のも実は大事なので、ちょっと解説しておきますね。A先輩は手書きで、「いつもありがとうございます」「いつもご不在のときにすみません」などなど、短い言葉を添えたそうです。たとえ相手と会えなくても、ひと言名刺が思いを伝えてくれたり、A先輩をジワジワ売り込んだりしてくれていた感じですね。

名刺はさておき営業の成果は？　というと、名刺を届け始めて二年経過したころ、B社から「会いたい！」と電話が入り、営業活動に無事に結びつきました。

A先輩の行動を、どんなふうに感じましたか？

いいしつこさを発揮するために

二年間名刺を届け続けたと聞くと、「がむしゃらにがんばるのがよいのだ」と感じたかもしれません。

しかし、ここで種明かしをすると、A先輩は、B社にすごく強い思い入れがあって毎日通ったわけではありませんでした。

もちろん「営業がうまくいくといい」と、心底願っていました。

でも、毎日通い続けられたのは、A先輩の通勤ルートにB社があったから。

つまり、「ひと言書いた名刺を毎日届ける」という仕組み化・習慣化を行っただけ、いつか連絡が来るかなと思いながら継続しただけだったのです。

まとめますよ。

難攻不落といわれたB社に営業できたのは、A先輩ががむしゃらにやったという気合や精神論の問題ではなく、続ける仕組み化がしっかりなされた結果の成功でした。

ここが「いいしつこさ」のキモです。

「いいしつこさ」には、気合や根性は必要ありません。ある意味クールに、どうやったら続けられるか考え、仕組み化・習慣化する姿勢が大切なのです。

もう少し補足しておきましょう。

A先輩は、どちらかといえば人見知りで内向的なタイプでしたが、一日70件の営業をやり続けることのできるすごい方でした。

「あいつは器用ではないが、信用できる」

との評価を得ており、やり続ける力のカタマリのような先輩でした。

しつこく続けていたその時間もB社の社長さんはちゃんと見ていて、評価してくださったのでしょう。A先輩は「やり続ける」ことで営業を成功させたのです。

「しつこさ」の重要性は心理学でも実証済

「やり続ける」大切さにフォーカスしたのが、ベストセラーとなった『やり抜く力　人生のあらゆる成功を決める「究極の能力」を身につける（原題：GRIT）』（ダイヤモンド社）です。

「GRIT」とは「やり抜く力」のことで、困難にあってもくじけない闘志や気概を意味します。

同書の著者であるペンシルベニア大学心理学教授のダックワース氏は、学生時代に米国陸軍士官学校での過酷な訓練に耐え抜けるのはどんな学生か、というテーマで調査・研究を重ね、結果を出した人たちは「情熱」と「粘り強さ」をあわせ持つこと。才能やIQや学歴ではなく、個人のやり抜く力が社会的な成功を収める重要な要素と見い出しました。

ダックワース氏の研究は教育界、ビジネス界など多様な分野のリーダーたちに注目され、「GRIT」は成功者たちが共通して持つ心理特性の一つと認知されています。

なお、「GRIT」は次の四つの要素で構成されます。

Guts（度胸）＝困難なことに立ち向かう
Resilience（復元力）＝失敗してもあきらめずに続ける
Initiative（自発性）＝自分で目標を見据える
Tenacity（執念）＝最後までやり遂げる

どの要素も、特別な能力や学力は必要なく、今日から身につけることも可能です。

成功や幸せは、生まれつき備わった知能や才能によるのではなく、「いいしつこさ」を身につければ必ず手に入れられる——そのことは心理学も証明してくれています。

信頼貯金もしつこさから生まれる

しつこくすると

あなたはどっち?

□ 嫌われるだけだと思う

□ 嫌われない場合もあると思う

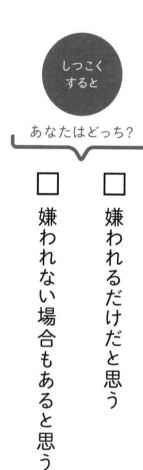

「いいしつこさ」でうまくいった話をもう一つ紹介します。自分の体験談です。

リクルートで求人広告の営業をしていたときの話です。


あるうどん屋さんへ飛び込み営業しました。

一回目、店に入ったら無視されました。

二回目も、完全に無視。

三回目はなんと、私がいないかのように店の主人Cさんがふるまいました。

存在すらないことにされるとは……。


いまでこそ笑えますが、当時は相当落ち込みました。「なぜだ?」と。

でも「なぜ?」と考え始めると、明快な答えに出会えないんですよね。

そんなとき、私はいつも、

「どうすれば?」

と、自分に問いかけます。

うどん屋さんに営業し、求人広告を受注したいというのが目的。

主人のCさんはけんもほろろ、私など全く眼中にないというのが実情。

うまくいくか、いかないかわからない状況でしたが、「完全に無理」という言葉は、私の辞書にはありません。

「(どっちに転がるか)半々やな」と思いました。

目的がかないそうにないから、ダメだからと撤退するのではなく、八方塞がりな状態を「どうすれば」変えられるかと考え抜いて出した答えは、

「とりあえず、お客さんになってうどん食べよう」

でした。

うどんを食べた先に広がった未来

何度無視してもやって来る面倒くさい営業ではなく、純粋に一人の客としてうかがったので、Cさんには何のリスクもありません。

Cさんは私を普通に迎えてくれました。

完全無視されていたはずの私の話相手に、ほんの少しだけなってくれました。

そしてその後も、あきらめずに営業は続けました。

しばらく経ったある日、店に入った私の顔を見るなり、

「伊庭さんには負けたわ」

と、Cさんは苦笑いしながら話しかけてきたのです。

「取り引きしている業者があるから、あきらめてほしくて冷たくしてたんよ」

「普通は、二回くらいであきらめるのに……」

と言い、求人広告を出していただける方向に話が進みました。

忘れたころに、当初の目的がポーンとかなったわけですね。
このエピソードも、先のA先輩の話と同じ「しつこさ」がポイントです。

営業を成功させたいという思いはブレずに持ち、やり続けた。
A先輩の場合は、ひと言添えた名刺を届ける行為を、
私の場合は、客として訪問する機会を交えつつ、何度も訪問するという行為を続けた結果、お相手の信頼を獲得するに至ったのです。でも、どちらも努力や根性で続けたわけではなく、続けられる仕組みをつくったり、ちょっと工夫したことで、目的が達成できたのです。

「ホントにこんなにうまくいくのかな?」
と半信半疑の方もいらっしゃるかもしれませんね。

少し古いデータではありますが、こんな話があります。
成功哲学の提唱者であるナポレオン・ヒル氏は、男女3万人に「人は何回チャレン

ジしたらあきらめるか?」を調査しました。

何回であきらめると思いますか?

あなたなら何回であきらめますか?


回答結果は、平均で1回以下。

つまり、多くの人が1回の失敗であきらめたり、挑戦する前にあきらめている、ということ。


つまり、人は意外とあきらめやすい存在なのです。

裏返していえば、あきらめずにしつこくやることはそれだけでアドバンテージになります。


しつこくやり続けることは、相手の信頼を得たり、思いもよらない幸せを手に入れたりすることにつながるのです。

ユーチューブで成功する人と失敗する人の違い

ユーチューブやSNSをするなら

あなたはどっち？

□ すごいと思えるネタのみ投稿

□ すごいネタでなくてもマメに投稿

チャンネル登録者数900万人（2021年4月現在）を誇るHIKAKIN氏は、トップユーチューバーの一人です。

HIKAKIN氏がユーチューブへの投稿を始めたのは2006年。

自身のビートボックスの動画を撮影し、アップしたのが始まりなのだとか。

そんなHIKAKIN氏は、ユーチューブでの活動について、

「一番、努力しているのは『決まった時間に続ける』こと。毎日19時にアップする。毎日更新に決めてから再生数が増えた」

「決めたことを愚直にやり続けるのは信頼を高めることと、大勢から突破する必須条件」＊7

「無理してでも毎日続ける人の方がずっと第一線でやっている」＊8

といったことを語っています。

実際、HIKAKIN氏のようなトップユーチューバーでなくても、一定の収益を得ているユーチューバーは、毎日もしくは2日に1本ペースなど、高い頻度で定期的

＊7『あえて、レールから外れる。逆転の仕事論』堀江貴文（双葉社）より
＊8 東洋経済オンライン『「スキマ時間」を制する最強コンテンツとは？　堀江貴文×HIKAKINの逆転仕事対談』より

に更新されている方が多いです。

かくいう私も、ユーチューブに「研修トレーナー伊庭正康のスキルアップチャンネル」を開設しています。研修や自己研鑽に役立つコンテンツを配信しているので、ご覧いただけると嬉しいです。

ただ、このチャンネル、最初は視聴数が上がらず、ダメダメでした。渾身の新しい動画をアップしても、アップしても、全然伸びなくて。「なんでやねん」と腐りかけました。実際、この段階で「やーめた」となる人が多いんです。

でも、私は、ユーチューブの作業を日々のルーティンに組み込み、2日に1本ペースの配信を続けました。

そのうちちょいバズが起きる動画が出始めて、胸躍る感覚を体感し、動画配信にやみつきになり、いまに至っています。

マメな更新がいいというのは、ブログ、ツイッターやインスタグラムなどのSNSでも同様です。とくにSNSは毎日何らかの投稿することが、フォロワーなどを増やす秘訣といえます。

ツイッターなら、ひとこと投稿するだけでもいいんです。

それならできそうですよね。

ただ、毎日はつらいので、「はじめのうちは週2とか週3回にしよう」といった考えはNGです。「ああ今日は投稿する日か、めんどうだな」と思ってしまいます。

感情の起伏をつくらず、「とにかく毎日機械的に投稿する」という姿勢で臨むのがよいでしょう。

自分がやりたいことをやり続ける

もう一つ成功しているユーチューバーの特徴があります。好きなことを徹底しているということです。

たとえば、「ヒロシちゃんねる」のヒロシ氏。動画では、キャンプを張ったり、たき火をしたり、肉や魚を焼いたり、ハンモックで寝たり、自然を眺めたり……ヒロシ氏が一人で、自由気ままにアウトドアを楽しむ様子を見ることができます。

更新頻度は低いものの、開設から6年あまりで100万人もの視聴者を獲得し、ソロキャンプの本の出版、アウトドア関連イベントへのゲスト出演など、芸人だったときとは異なるフィールドへ活躍の場が広がっているのもすばらしいなと感じます。

「ヒロシさんの動画が成功したのは有名人だからじゃないか」と思う人もいるかもしれません。たしかにその部分もあるかもしれないですが、有名人だからみんなユーチューブで成功しているかというと、そんなことはありません。

私は、あるインタビューでのヒロシ氏の次の発言に注目しました。

「好きなことを上げていけばいい」

義務でもなく、お金のためでもなく、自分がこれと思ったもの、楽しいと思うものをブレずにアップし続けていく、そのスタンスです。

前述のＨＩＫＡＫＩＮ氏ですが、毎日更新するため、睡眠時間を削るなど大変な部分もいろいろあるそうです。ＨＩＫＡＫＩＮ氏はお金をいっぱい持っているはずです。ユーチューブをいつやめても、生活に困ることはないでしょう。それでも続けているのは、ユーチューブに自分が心からやりたいこと、楽しいと思うことがあるからなのではないかと思います。

私がユーチューブを続けているのも、「みんなに喜んでほしい」――そんな欲求があるからなんです。やりたいことこそ、続けられる。どんなことも、心からやりたいと思えるようになれば、自然としつこくなれるともいえますね。

成功には「頭の良さ」よりしつこく続けることが大事

学校の成績について

あなたはどっち?

□ 人生の成功には学校で良い成績を取るのが重要

□ 良い成績が成功につながるとは限らない

前述の『やり抜く力　人生のあらゆる成功を決める「究極の能力」を身につける』からある研究をご紹介します。

スタンフォード大学の心理学者キャサリン・コックス氏の調査です。

コックス氏は、詩人・政治家・宗教家・科学者・哲学者・芸術家・音楽家などさまざまな分野で偉業を成し遂げた歴史上の人物301名の特徴を調査しました。

その結果、IQと功績の関係はきわめて低いとわかったそうです。

コックスたちは、IQ以外の功績を上げる要因は何かさらに調査しました。

何千ページもの伝記や資料を読み解く調査により、超一流の偉人と一般の人とを分ける決定的な相違があることを突き止め、「動機の持続性」と名づけました。要はしつこさですね。

コックス氏は研究を総括し、次のように述べています。

「知能のレベルは最高ではなくても、最大限の粘り強さを発揮して努力する人は、知能のレベルが最高に高くてもあまり粘り強く努力しない人より、はるかに偉大な功績を収める」

長期間、課外活動した人ほど年収が高い!?

また同書では、コロンビア大学の心理学者マーゴ・ガードナー氏らの研究も紹介しています。

高校で、課外活動に1年間参加した場合と、2年間参加した場合とで、大人になってからどのような違いがあるかを、追跡調査したというものです。

結果を見ると、課外活動を2年以上続けた生徒に限り、1週間あたりの課外活動時間数が多かった生徒ほど就業率も高く、収入も高くなっていたとのことです。

思春期でいろんな誘惑も多い中、課外活動を2年間ブレずに続けるのは、なかなか大変なことだと思います。続けることは強みになるのですね。

成功には、頭の良さとか才能ではなく、徹底的にやり続けることが大事、その証左といえるのではないでしょうか。

「人は接触回数が多いものに魅かれる」という心理学が証明した事実

気になる異性に

あなたはどっち？

□ とにかくアピールしまくる

□ さりげなく存在をアピール

対人関係で、「しつこさ」の効果を考えるときに参考になるのが、「ザイオンス効果」という行動心理学の概念です。

ザイオンス効果は、別名「単純接触効果」とも呼ばれ、1968年にアメリカの心理学者ロバート・ザイオンス氏が提唱しました。

何度も繰り返し接触することによって評価や好感度が高まる効果を意味します。

テレビで同じ曲を何度も聴くうちに、そのバンドのファンになった。
ネットで何回も見た新作スイーツが気になって、コンビニで購入した。
通勤中に毎日同じバスになった後輩と、休日に映画を見に行く仲になった。

頻繁に接するうちに、よい印象を持つようになったり、興味を持つようになったり、警戒心を解いたり、親近感を抱いたりすることは、日常生活でもよく起きることではないでしょうか。

ザイオンス効果は、人間関係のみならずビジネスでも幅広く活用されています。

私が営業職だったころ、お客様のもとへ何度も通いました。用がなくても顔を出す、折を見て電話するというのは営業の鉄則みたいなものです。繰り返し通ううちに、顔を覚えてもらって、親近感を持ってもらい、信頼関係を築く。これ、全部、ザイオンス効果の応用なんですよね。

ウェブマーケティングでも、ザイオンス効果は生かされています。メールマガジンの配信、ブログやSNSへの投稿などもその例です。

いまでは絵本作家や映画監督など、多彩な活動をされている西野亮廣氏。有料のオンラインサロンはなんと7万人（2021年1月時点）の会員がいます。最近では、言動が何かと注目される西野氏ですが、この方もしつこさの固まりだと思います。

オンラインサロンのメンバーには、毎日記事を投稿。

講演会を開催する際などには、毎日のように、自身のＳＮＳなどで地道に告知を続けたそうです。

有名人であったとしても、何度もいろんな手段で徹底する。まるでどぶ板戦術のようなしつこさが、多くの人の目に留まり、その気持ちを動かしているといえるのではないでしょうか。

しつこさをマイナスにしないために

しつこさって大事なんです。

なんですが、**「いいしつこさ」を発揮してね**、と声を大にしてお伝えします。

「悪いしつこさ」だと、途端にさまざまな悪い影響が生じるからです。

例えば、営業でいえば、「用がなくてもとにかく顔を出す」はあり、です。

ただし、お相手はどう感じているか、という注釈が必ず付きます。

「あの営業、苦手なんだよな」

とお客様が思っているのに、頻繁に顔を見せたらどうでしょう。

結果は明らかで、行けば行くほど逆効果で嫌われます。

つまり、好かれていない人にザイオンス効果を使うと、ストーカーのように恐怖感や嫌悪感を抱かせてしまうのです。


では、営業がお客様の本心をキャッチし、別の手段をとったらどうでしょう。

有益な情報を届ける、今までと一線を画したサービスをする、お客様が苦手に感じる部分を改善する……講じられる手段はいろいろですが、お客様に感謝していただくことができたならマイナスがプラスに転じる可能性も生まれます。


ザイオンス効果は、好かれてない人に使うと逆効果になること、頻繁に接触することでかえって関係が悪くなる副作用もあることも心得ておきましょう。

恋愛などでは、やたらとアピールするより、さりげなく存在感を示すほうが、効果的ということも多いです。

とにかく大切なのは、相手軸になっているかです。

自分本位に「しつこさ」を発揮するのは、「悪いしつこさ」。絶対にNGです。

意思が弱い人でも「しつこく」なれる！

しつこくすること

あなたはどっち？

□ しつこくするのは難しい

□ しつこくするのは簡単だ

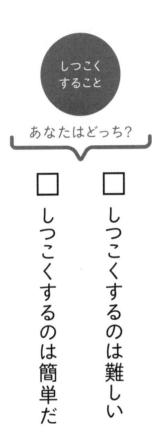

「しつこさ」は、単純で、誰でもできる究極の成功法である。

私がお伝えしたいのは、この一点です。

ここまで研究や事例を参照しながら「しつこさ」の効用をお伝えしてきました。

コツコツと地味に続けること。
あきらめずにやり抜くこと。

難しいことはありません、誰にでも、今から実践できます。
「しつこさ」を持てば、望む成果を手にできるのです。

しかも、「しつこさ」が有効なのは、ビジネスだけではありません。
勉強、健康管理、恋愛など、人生まるっと、どんなシーンでも有効です。

しつこくできないのはなぜだ？

「やり続けることが大事なのはわかってる」

と大半の方はおっしゃるでしょう。

「やり続けられないから悩んでいる」

とおっしゃる方も多いでしょう。


本章では「しつこさ」を持つ大切さを実感してもらえたなら、ＯＫです。

「やり続けられないと悩んでいる」方には、第2章以降を読んで、人生がうまくいく「しつこさ」を手に入れる方法を理解してほしいと思います。


次の章へ進む前に、なぜ、必要性は理解しているのに「しつこさ」を発揮できないのか、整理しておきましょう。

おそらく、次のどれかの理由ではないでしょうか。

・面倒くさいから／苦痛だから
・飽きっぽいから
・忙しいから
・相手に嫌われないか心配だから

みなさんは、どれに該当しますか？

どれももっともな理由に感じます。

でも、私がみなさんに身につけてほしい「しつこさ」を誤解されているのだなとも思います。

私が伝えたい「しつこさ」は、最初にエンジンをかけるのにちょっとしたパワーやコツはいりますが、その後はスーッと、水が流れるように行えるものなのです。すでに何度もお伝えしているように、気合や根性はいりません。

本書では、「面倒くさいから／苦痛だから」「飽きっぽいから」「忙しいから」といった理由でしつこくやり続けることから離脱してしまう人のために、とっておきの処方箋をご紹介します。いずれも、すぐに実践できるノウハウばかりです。

また、日頃いま一つ目標が定まらないというような方は、何を優先してやるべきかといったことも明確になっていくはずです。

「相手に嫌われないか心配だから」は、本章でも少し触れてきた「悪いしつこさ」に関するものです。第7章で「悪いしつこさ」について考えていきます。

「しつこさ」は誰でも持てるようになりますし、身につけば、自分の思い描く幸せや成功を手にできるようになる究極のスキルです。人間関係をもっとよくしたり、仕事で成果をもっと出すということにもつながります。

それでは、「しつこさ」を身につける具体的な方法に、一緒に取り組んでまいりましょう。

第2章

しつこく続けられる人の特徴

――なぜ、あの人はしつこくやり続けられるのか?

「がんばる」のと「しつこくやる」のはまったく違う

電話営業をするなら

あなたはどっち?

□ アポが取れるまでしつこく電話する

□ アポが取れないときはいったん立ち止まる

ものすごくがんばったのにいい結果に恵まれない。
そんな経験ありませんか？

「毎日1時間走ったけど、体脂肪率は横ばい」
「必死に勉強したのに、テストの成績は最悪だった」

毎日1時間走るのも、必死に勉強するのも、がんばるのはよいことです。
やりたい気持ちを大切に、しつこくやり続けられてすばらしいと感じます。

しかし、成果が出ないというのは、何かが間違っています。
がんばっても成果が出なければ、しつこくやり続けること自体難しくなりますしね。

では、どうすれば？

その答えはとってもシンプル。「成果が出るように、しつこく続ければいい」んです。

目的と手段をはき違えない

営業職のAさんは、電話で1週間に500件営業し、10社のアポイントを取るのがノルマでした。

Aさんはとても真面目で、延べ500社に電話しました。ただ、アポイントが取れたのは5社とノルマの半分以下でした。

電話自体は一生懸命かけているのに、成果が付いてきていないんですね。

もし、この状態が数カ月にわたって続いて、Aさんが「(毎週)500件の電話はちゃんとかけている」とあたかも義務は果たしているような気分でいたとしたら、

「どんな工夫をしてる?」

「本当の目的わかってる?」

など、Aさんにどんな考えで営業に臨んでいるのか聞きたくなります。

いくら真面目でも、こういう人は評価されません。

しつこく、やり続ける。これは大事です。

しかし、まったくの考えなしでただ真面目にやるだけでは意味がないんです。

Aさんのテレアポの最終目的は、営業ですから「成約」になります。

500社電話することは、成約に至るまでの一過程でしかなく、真の目的ではないのです。

Aさんがもし、500社電話することにしつこさを発揮して満足していたとしたら、見当違い。上司から忠告をもらうことになるでしょう。

大事なのは、伸ばしたいこと＝目的を意識することです。

Aさんは、電話をすること自体が目的となっています。

テレアポがうまくいかないなら、なぜダメなのか、どうすればよくなるかを立ち止まって考える必要があります。

自分だけで解決できないなら、上司に相談したり、うまくアポイントが取れている同僚のやり方（話し方）を真似するなど、なんらかの工夫をする必要があります。

ちなみにテレアポでは、最初に電話の相手の警戒を解く必要があります。自己紹介は、ゆっくりと堂々と話す。また、「いつもありがとうございます」という、感謝の気持ちを相手に伝えることが重要です。「丁寧に」を心掛ければ、一方的に電話を切られる可能性も減るはずです。

とにかく**目的を見誤り、がむしゃらに続けるだけでは意味がありません。**

Aさんの仕事のやり方では、仕事に飽きてきて、続けられなくなってしまいます。

Aさんには、

「前年より年間20社、お得意様先を増やしたいんだ」

など、先に会社の最終目標を具体的にお伝えしておけば、Aさんなりに目的を考え

「しつこさ」を発揮できたかもしれませんね。

目標や意図が具体的になれば、何に取り組めばいいかが明確になり、しつこさが発揮できるようになるのです。

たとえば、ツイッターで何かを発信したいというのであれば、同じ文言を何度もツイートするのではなく、ツイートするたびに表現を変えるなどの工夫をする。また、ツイッターだけでなく、他のＳＮＳツールも活用するなど、いろんな手段を試してみてください。

目的に対して、どうすれば最大の効果を得られるか、試行錯誤しながら続けることが、「しつこさ」の正しい発揮の仕方です。

しつこさの達人がやっている「カイゼンゲーム」

厄介な仕事を抱えたとき、つぶやくなら

あなたはどっち？

□「つらいなあ～」

□「大変だなあ～」

しつこくやり続けられる人と、しつこくやり続けられない人。
両者を分けるのは何だろう、と考えてみました。

私が営業職だったとき、成果が出なくてつらい時期がありました。
ノルマは必ずありますから、クリアせねばというプレッシャーも半端なかったです。

精神的に追い込まれてつらかったとき、捉え方を１８０度変えました。
一例ですが、こんなふうに。

営業目標の正体は何か？
↓
成績を上げるに越したことはないが、上がらなくてもたぶんクビにはならない。
給与や評価は下がるかもしれないけど、命は無事。
↓
営業はリスクゼロだが、達成したら賞賛されるやさしいゲームだ！

この気づきがスタートでした。

営業はゲームと捉えたことで、「やらされ感」が一掃された気がします。

そもそも仕事は「カイゼンゲーム」のようなものです。仮説を立てて、実行して、検証して、カイゼンする。カイゼンしたことで、どんな変化が起きるかを楽しみながら仕事をすると目の前の仕事がぐっと楽しくなってきます。すると、主体的にもなります。

自分で主体的に動けるようになるというのは大切です。なぜなら、主体性を持ったことで、自分が心から思えるような目標が生まれてくるからです。

「お客様と関係を築きたい」

「トップ営業になりたい」

どちらの目標も自分が立てたものですから、達成するためには何をやり続ければいいのかを主体的に考えられます。

お客様と関係を築くために「営業トークを変えよう」と考えたなら、

いつから始める？　いつまで？　どんな頻度で？　どのくらい変える？……
まさに「カイゼンゲーム」です。

「やらされ感」がなくなると目標が生まれ、目標が生まれると自然としつこく続けられるようになります。

しつこく続けられる人は夢や希望、目標をつねに見失わない人でもあるのです。

やり続けるだけで自信が生まれる

さらに、しつこくやり続けられる人は、「セルフエフィカシーが高いなあ」と感じます。

セルフエフィカシーは、心理学者アルバート・バンデューラ氏が提唱した概念で、自分ならできると自信に満ちた感覚のこと。「自己効力感・自己高揚感」と訳されることもあります。

セルフエフィカシーが高い人は、厄介な仕事を抱えた際、「大変」と言っても、「つらい」とは言わないんですよね。

明日までにプレゼンの資料を作成するときにも、「どうせ無理」と思って取り組むのと、「きっと間に合う」と思って取り組むのと、どちらがうまくいくかは解説不要でしょう。

セルフエフィカシーは「自分はできる」という自分への信頼感であり、成功に不可欠な要素です。できる自信が持てれば、「しつこくやり続けられる人」になれます。

バンデューラ氏によると、セルフエフィカシーを高める方法は次の4つです。

1. 直接的達成経験……自分が決めた目標を達成すると、別の目標が出ても過去の成功体験によりセルフイメージが高まるというもの。
2. 代理経験……ある対象を観察して学習する「モデリング」のこと。他者が成功するのを観察することでセルフエフィカシーが高まるというもの。

3. 言語的説得……他者から言葉で説得されることでセルフエフィカシーが高まるというもの。

4. 生理的・情動的喚起……体の中で起きた生理的・情動的な変化を意識することでセルフエフィカシーが高まるというもの。

セルフエフィカシーを高めるのに最も効果的なのは「1. 直接的達成経験」です。仮に仕事で成果が出せなかったとしても、「やり続けられた」ということ自体が自信につながるということです。**ささいなことでもよいのでやり続ける経験を積み重ねれば、やり続けることへの自信がつき、「しつこさ」が身につくことになります。**

うまくやり続けられた経験を、一つからでもいいので今日から増やしてみましょう。

セルフエフィカシーが高まればモチベーションが上がり、モチベーションが上がるとやり続けられるようになる。やり続けられるとさらにセルフエフィカシーが高まる……このサイクルが回っているなと実感できたときにはもう、あなたはしつこくやり続けられる人に変わっているはずです。

いいしつこさを発揮するには最上位の目標を考える

行動するとき

あなたはどっち？

□ 自分の決めたスタイルは守る

□ いろんなやり方を試してみる

オリエンタルラジオの中田敦彦氏が運営する「中田敦彦のYouTube大学-NAKATA UNIVERSITY」は、チャンネル登録者数380万人（2021年4月現在）と、ユーチューブの人気チャンネルです。経済や歴史などのさまざまなテーマを、圧倒的なプレゼン力でわかりやすく解説しているのが、絶大な支持を得ている理由の一つだと思います。

ところで、中田氏はもともとお笑い芸人ですが、歌手としての活動をしたり、ユーチューブを運営したりと、いろんなチャレンジをされています。一見して「すぐにやることが変わる」と感じる人もいるかもしれません。

しかし、果たしてそうでしょうか。

私は、中田氏には好印象を持っています。

なぜなら、**ブレていない軸を感じたからなんです。**

喋って何かを伝えるのは好き。
表現者として生きていきたい。
という中田氏の思いは何一つ変わっていない。

自分のやり続けたいことにこだわって、試行錯誤されているのだなと共感をおぼえています。

最上位の目標は何？

中田氏の活動スタイルを見て、再認識したことがあります。それは、

「いいしつこさを発揮するには、最上位の目標を考えておくべし」

「最上位の目標」という言葉は、『やり抜く力　人生のあらゆる成功を決める「究極の能力」』でも紹介されていますが、要は自分にとって究極の関心ともいうべき目標

を先に決めてから、細かな目標を立てましょう、ということです。

これは「バックキャスティング」ともいわれる方法で、短期的な目標にも長期的な目標にも使えます。未来の目標から逆算して考えるので「タイムマシン法」とも呼ばれています。


最上位の目標に至るなら、どんなルートを選んでも、途中で手段を変えてもいい。気持ちいい道だからと自転車で走り出したけれど、雨が降ってきたから車に乗り換えるなんていうのもいい。

やり方がコロコロ変わったように見えても、最上位の目標を見失っていなければOKです。

逆にたいした動機や目標もなく、

「楽しそうだからやってみた」

「あの人がやっていたからやってみた」

という軽いノリだと、しつこくやり続けることは難しいですし、結果すぐやめてしま

最上位の目標から短期的な目標を洗い出す

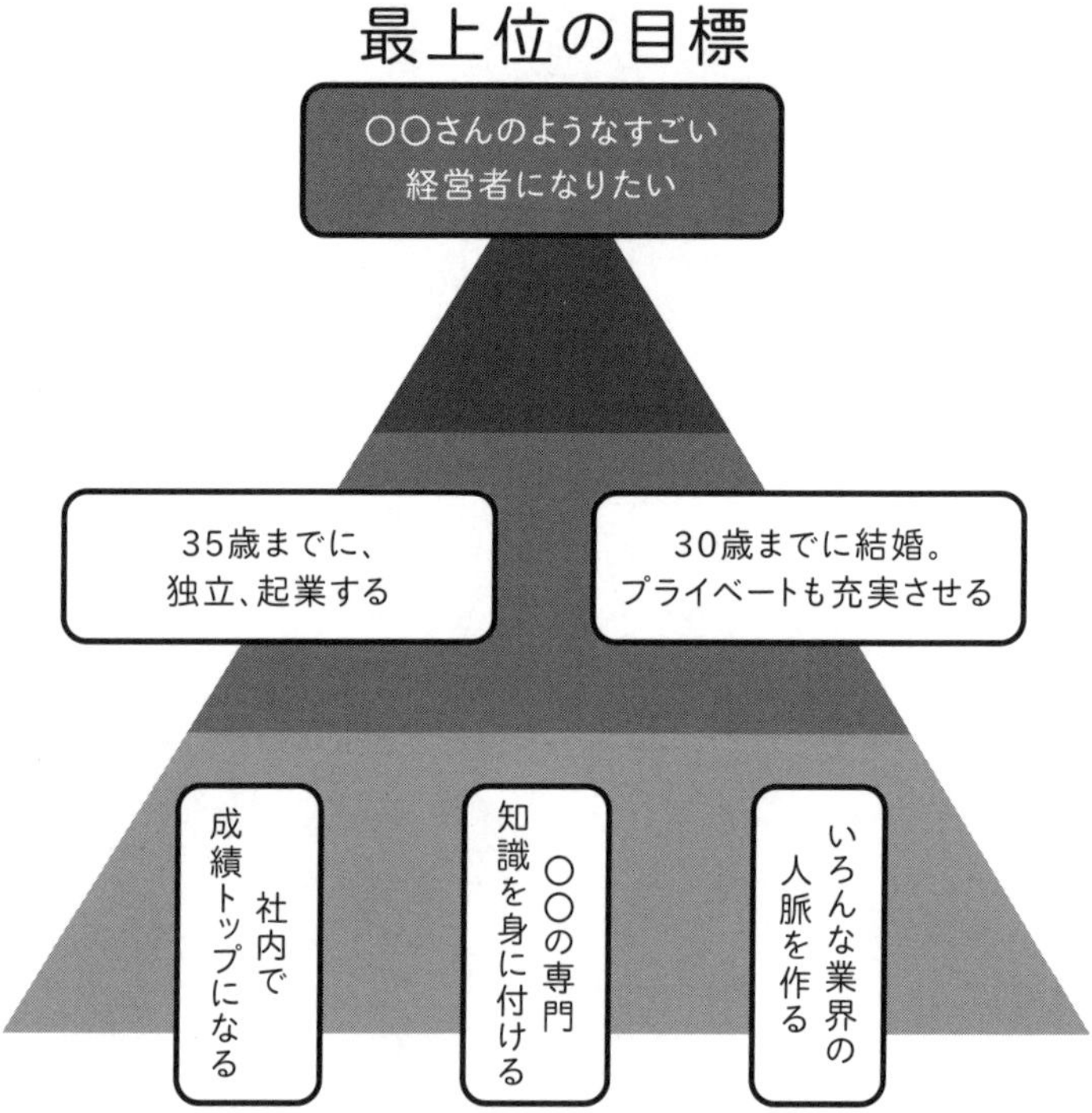
最上位の目標
○○さんのようなすごい
経営者になりたい
35歳までに、
独立、起業する
30歳までに結婚。
プライベートも充実させる
社内で
成績トップになる
○○の専門
知識を身に付ける
いろんな業界の
人脈を作る

まずは、「最上位の目標」を具体的に決める（三角形の頂点）。次に、「最上位の目標」の達成に向けた中期的な目標を立てる（三角形の中段）。自分を奮いたたせるような内容でよい。さらに、中期的な目標を達成するために必要なタスクや短期的な目標を細かく書き出していく（三角形の下段）。

う人が多いと感じています。

うかつに、短絡的に始めると、離脱率が高まります。

やめる経験が増えると、セルフエフィカシーも低下しますから、悪循環です。

右の図を参考に、まず最上位の目標を定め、そこから短期的な目標・タスクを洗い出してみてください。短期的な目標・タスクは途中で変更してもかまいません。

これからの時代に必要な力は、自分を変幻自在に変えるサバイバル力だと私は考えます。必要に応じて、軌道修正をする。捨てるべきものは捨て、新しいやり方に挑戦していくのが大事です。

誰に何を言われようが、どう思われようが。オリラジの中田氏みたいにやり方を変えていいんです。目標に達するには、むしろ変化は恐れずに。

ただし、何でもかんでも手を出すのではなく、最上位の目標にかなっているかだけは確認しておくようにしてください。

気合と根性は必要ない。他人に頼ることは必要

子どものころ逆上がりを

あなたはどっち？

□ ひとりでひたすら練習した

□ 人に助けてもらって練習した

研修先で、こんな話を伺ったことがあります。

ある企業で、若手社員が新聞を読んでいないのが問題となり、

「新聞を毎日読む」

という目標を掲げたそうです。

3週間後に調査すると、7割が「きちんと読んだ」という回答だったものの、さらに話を聞くと「毎日もれなく読んだ」人は全体の1割ほどしかいなかった。

このエピソードから基準の問題が見えてきます。

人それぞれで「ちゃんとする基準」というものは異なります。新聞を毎日読むとしても、読み方の程度は人それぞれ。基準の設定が緩いままだと、フタを開けてみたら到達度が人によってまちまちだったなんてことが起きるのです。

第1章で、「しつこさ」は単純で、誰でもできる究極の成功法である、と断言しました。

単純で、誰でもできる。

これは、簡単にできると言いたいわけではないのでご注意を。

私が望むのは、しつこさを「徹底的」に行うレベルです。

徹底とは、あらゆる手段を行使して、決めた状態に必ずすることだと理解しておいてください。

やり続けるための手段を探れ

だが、しかし。「徹底的に」は意外と難しい。

みんなとりあえずの1回はやってみるけど、失敗が重なるうちに「やーめた」って気持ちになりませんか？

研修で出会った経営者たち、いわゆるビジネスの成功者に話を伺っていくうちに、わかった共通点があります。

成功者は、着手しただけでは絶対に終わらない方ばかりなんです。

必ずやりきります。

徹底するんですね。

小学生のとき逆上がりを特訓した経験はみなさんあると思いますが、たとえるなら成功者たちは、手の皮がすりむけるまで練習を繰り返して逆上がりの達人になる、そんなイメージです。

とはいっても、

「根性出して！」とは言いませんよ。

気合や根性は私はどちらかというと好みじゃないので、徹底的にやり続ける別の手段を考えましょうという提案です。

逆上がりなら、

・逆上がりの得意な子にコツを教わる
・補助ベルトを使う
・先生に放課後居残り練習に付き合っていただく
・親に動画を撮ってもらって、修正点を検討する
・ユーチューブを見て回り方を学ぶ
・逆上がりの回り方について書いた本を読む……

チカラ技や気合や根性に頼らなくても、成功する方法は数限りなくあります。
自分の力だけでできないことがあれば、他の人やモノの力を借りればいいんです。やり続けることにこだわるなら、図太く他力でよいと考えます。

ビジネスシーンでも同様です。
なかでもミーティングはチームの生産性が上がるとされているので、上手に活用し

てほしいです。

話し合うことで、他の人の知恵を借りることができるのがそのよさだと感じます。

リモートで仕事をする機会が増え、対面でのミーティングを開催しにくいという事情もありますが、「三人寄れば文殊の知恵」ということわざのとおり、一人ひとりが持つ力は仮に小さくても、みんなの力がまとまれば想像以上のパワーが生まれる可能性もあるのです。

やり続けるためにどんな手段を使うかにもこだわっていきましょう。

一流な人ほど「徹底」できるもう一つの理由

やりこなす自信があるとき

あなたはどっち?

□ 自信があるので、大胆に攻めていく

□ 自信はあるけど、慎重に攻めていく

こんなデータ＊9がありました。楽観主義者は、悲観主義者に比べて、

・仕事を辞めずに続ける確率は2倍。

・保険の売上は25％高い。

・電気通信、不動産、オフィス用品、自動車販売、銀行では20～40％、業績が高い。

また、『やり抜く力　人生のあらゆる成功を決める「究極の能力」を身につける』によると、アメリカ海軍の特殊調査部隊の隊員は、逆境に耐えるとき、「ポジティブな心のつぶやき」を発しているそうです。

人の頭の中には、「大丈夫」「できる」というポジティブワード、「ムリ」「ダメ」というネガティブワード、そして、どちらにも分類されないいろんな言葉が飛び交っています。

なかでも「自分はできる」は続ける力につながるパワーワードです。

楽観主義はしつこくやり続ける人に不可欠といえそうです。

＊9 MartinE. P. Seligman and Peter Schulman, "Explanatory Styleas a Predictor of Productivityand Quitting Among Life Insurance Sales Agents," Journal of Personalityand SocialPsychology50 (1986): 832–38. ／ Peter Schulman, "Applying Learned Optimism to Increase Sales Productivity,"Journal of Personal Selling & Sales Management19 (1999): 31–37.

楽観主義にちょい足ししたいモノ

しかし、**楽観主義は必要だけどそれだけでは困る、というのが私の主張**です。

ノリだけでは離脱率が高いとお伝えしましたが、自信があり、楽観的な人がしつこくやり続けられず脱落したケースを多々見てきたからです。

心理学者のガブリエル・エッティンゲン氏は『成功するにはポジティブ思考を捨てなさい　願望を実行計画に変えるWOOPの法則』（講談社）の中で、思い描くことで「実現」からは遠ざかると述べていました。

なんでも人間の脳は現実と幻想を見分けるのが不得意で、思い描くと脳は望みがかなったと勘違いし、実現しようというモチベーションが働かなくなるのだそうです。

ある実験では、成功してやせた自分を思い描くより、失敗して太ったままの自分を思い描く人の方が体重減少が10キロも多く、ダイエット成功率が高かったそうです。

目標を持つのはよいけどそれだけだとダメ……人間の脳は、厄介ですね。

ネガティブに偏りすぎるのはもちろん問題ですが、ポジティブさにバランスよくネガティブさが加われば無敵。特に苦しいとき、何かを始めるとき、努力を重ねる必要がある場面では、「ちょいネガ」を意識するとうまくいくようです。

成功者は恐怖心を味方につけている

多くの成功者との出会いから、一流な人ほど徹底できるのは何らかの「恐怖」を持つからではないかと私は考えています。

日本人メジャーリーガーとして大活躍したイチロー氏も「徹底」の人でした。

「夢をつかむことというのは、一気にはできません。

ちいさなことをつみかさねることで、
いつの日か、信じられないような力を出せるようになっていきます」

「自分の思ったことをやりつづけることに後悔はありません。

もしそれで失敗したとしても後悔は絶対にないはずですから」＊10

「努力せずに何かできるようになる人のことを『天才』というのなら、僕はそうじゃない。

努力した結果、何かができるようになる人のことを『天才』というのなら、僕はそうだと思う。」＊11


イチロー氏が徹底の人であることは、発言の一つ一つからビンビン感じますよね。

やり続けないとできないんだとわきまえているところは、怠惰への恐怖だったりちょいネガがあるのではないかと考えます。

だからやり続ける、徹底的に。そこがイチロー氏が一流である所以です。

＊10『夢をつかむイチロー 262 のメッセージ』（ぴあ）より
＊11『トップアスリートたちが教えてくれた 胸が熱くなる 33 の物語と 90 の名言』（PHP 研究所）より

WOOPの法則でやり続けろ

ネガティブをちょい足しする方法をいくつか紹介しますね。

一つは、エッティンゲン氏が提唱した「WOOPの法則」です。WOOPとは4ステップの頭文字をとったもので、目標の達成率を高める法則とされています。

願望だけだと脳はやり続ける指令を出さず、やる気やモチベーションが持続しないことは前述しました。それに対処するのがこの法則です。

詳しいやり方は次のページを参考にしてください。メモするだけの簡単な方法なのでぜひ実際にやってみてください。

WOOPの法則

Wish（願望）：成し遂げたい目標を書き出す。
Outcome（結果）：目標を達成したとき手に入れる結果を書き出す。
Obstacle（障害）：目標の達成を困難にする要因を挙げる。
Plan（計画）：障害と遭遇したときにそれを克服・回避する計画を立てる。

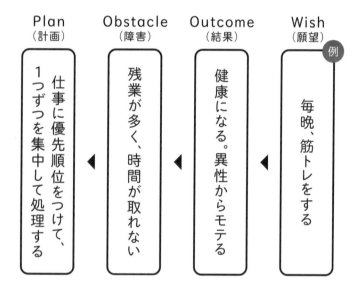

例

Wish（願望）
毎晩、筋トレをする

Outcome（結果）
健康になる。異性からモテる

Obstacle（障害）
残業が多く、時間が取れない

Plan（計画）
仕事に優先順位をつけて、1つずつを集中して処理する

もう一つは、客観視する視点を持つことです。

サッカーの本田圭佑氏が「リトルホンダ」とつぶやいて話題になったことがありましたが、これは自分の中にある「リトルホンダ」が客観視しているということです。


進歩を喜び単純な楽観主義に走ると、油断が生じます。だから、

「な、うまくいったのか?」

といつもしっかりと立ち返るクセはつけた方が絶対にいいです。

ブレない目標を持ってやり続けるとき、軌道修正が必要な場面とも出くわします。

一流の成功者ほど細かな軌道修正が迅速に、的確にできているなと感じます。


「取り戻せる」が口グセの人は失敗します。取り戻せないからすぐやるべきなんです。

絶対できるというポジティブさと、失敗するかもしれないという少しのネガティブさをうまくあわせ持つことが、「しつこくやり続ける」秘訣といえそうです。

第3章

「面倒」なことでも楽に続けられる習慣化のやり方

——たったこれだけで、誰でもしつこくなれる

しつこさを持続させる「TKKの法則」

何かをやめるとき

あなたはどっち?

□ 時間の無駄と早い段階で見切る

□ 自分なりにいろいろ試してからやめる

第1章では、幸せになるのに「しつこさ」が欠かせないこと。

第2章では、「しつこさ」で幸せを手にした人にはどんな特徴があるか、をお伝えしてきました。

第3章では「しつこさ」を身につける方法をご紹介します。

名づけて「TKKの法則」です。

私が心理学や経営学など国内外のさまざまな知見を研究していくなかで発見した法則です。

T　たのしくする
K　かんたんにする
K　こうかを確認する

TKKができれば、「しつこくやり続ける」をラクに習慣化できます。

しつこくできない人の4つのタイプ

具体論に入る前に、9ページで紹介した「タイプ」について確認しておきましょう。

「しつこくやり続けられない人」とひと言でまとめられがちですが、どんなやめ方をするか、いつやめるかという視点で整理すると4タイプに分類できます。また、左のグラフは、マーケティングで、製品が市場に導入されてから衰退するまでを表す「製品のライフサイクル理論」を、「習慣化のプロセス」に応用したものです。Y軸が習慣化の深度、X軸は時間となります（製品のライフサイクルは、Y軸が売上高）。

そもそも習慣化が続かない「三日坊主型」はグラフの「開始期」で離脱してしまうタイプです。アクセルを踏むけどエンジンがかからない感じの人です。

だんだんやらなくなる「へこたれ型」は、「成長期」で離脱してしまうタイプです。本当に続ける意味があるのかな、なんて懐疑的な人が多く見られます。

あなたが続かないのはどの時期？

三日坊主型	開始期で離脱	**・習慣になる前に、やめてしまうことが多い。** □ 決意したことが、3日と続かない □ すると決めたのに、忙しくて先延ばし □ いろんなことに手を出して、どれも中途半端
へこたれ型	成長期で離脱	**・気が付けば、徐々にやらなくなることが多い。** □ 結果が出ないと、さっさとあきらめる □ だんだんと面倒になり、気がつけばやらなくなる □ 無理をしてしまい、体力が持たなくなる
スランプ型	プラトー期で離脱	**・成長が停滞。スランプに陥って、やめてしまうことが多い。** □ 自分に自信を失い、やる気がなくなる □ どうせ、うまくいかないと思いこんでやめがち □ 問題を自分ひとりで解決しようとして、そのまま挫折
うんざり型	成熟期で離脱	**・限界を感じたり、飽きたりして、やめてしまうことが多い** □ 目標未達でも「十分にやったので終了」と判断しがち □ うまく行かないと、他のことに目移りする □ 感情的に「もう、いいや」と投げやりになる

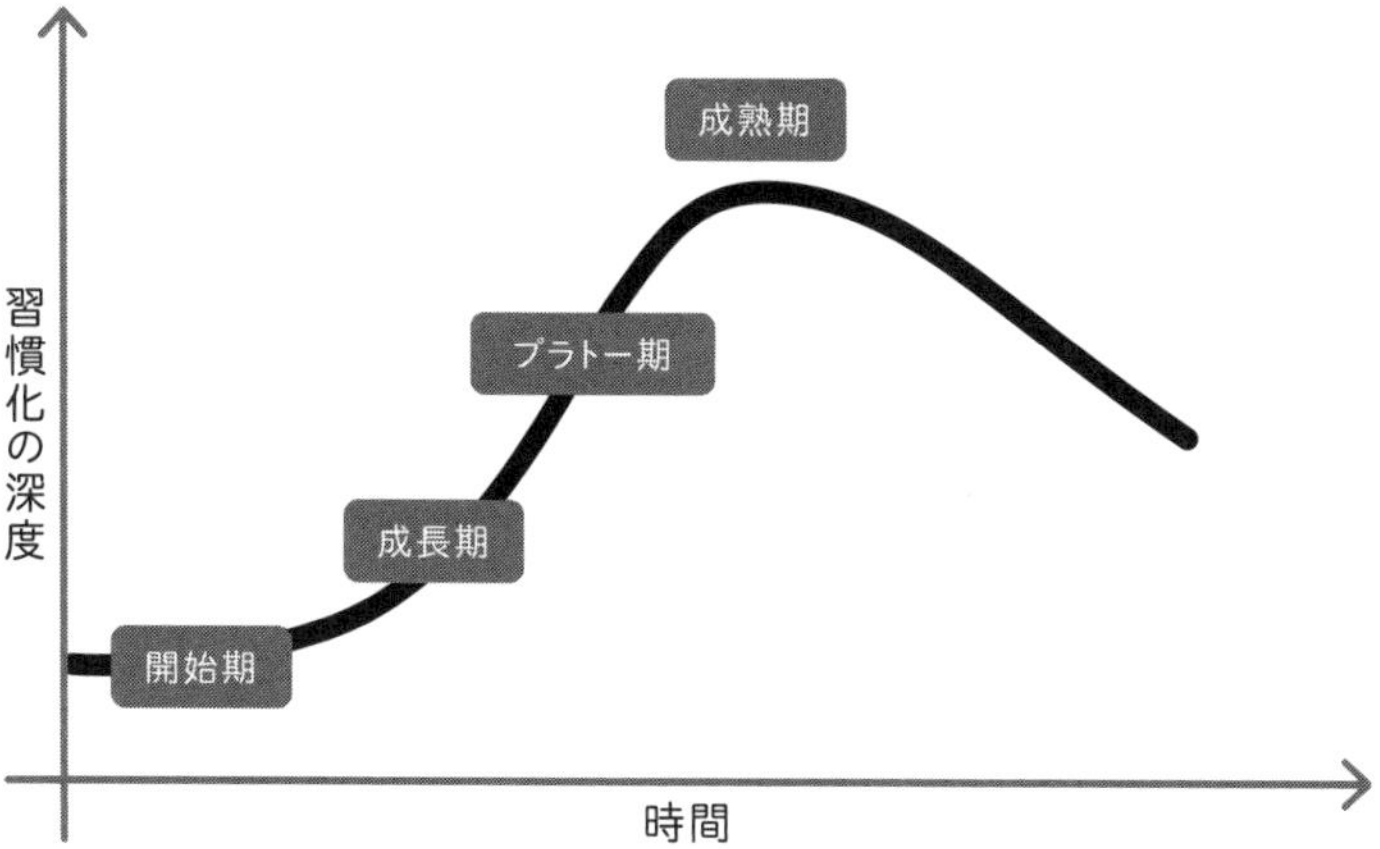

スランプに陥ってやめてしまう「スランプ型」は「プラトー期」で離脱するタイプです。一本調子にやり続けて頭打ちという方をよく見かけます。

続けても飽きてしまう「うんざり型」は、「成熟期」での離脱がよく見られます。わかった気になってそこで満足する「井の中の蛙」の方が多いです。

タイプによって、離脱する時期は異なります。

ということは、自分はどのタイプか理解し、その時期をうまく乗りこえられるような工夫をすればいいわけです。

工夫するときに使ってほしいのが、「TKKの法則」です。

自分が続かないと感じる時期に、

「楽しく」「簡単に」「効果を確認する」工夫を入れ込んでいきましょう。

「しつこくやり続ける人」へ変わることができます。

あなたが、「三日坊主型」や「へこたれ型」という場合は、まず第3章、第4章でどういう行動、マインドを持つべきかを理解してください。「へこたれ型」は、「効果を確認する」の見直しが重要となってきます。

「スランプ型」は、やり方を変えないままに続けたり、何でも自分ひとりで抱え込んでしまうときに陥りがちです。「楽しく」の見直しが重要となります。また、第5章でスランプや挫折を防ぐための打開策を紹介していますので、そちらもご覧ください。なかなか成果が出ず、もうひと踏ん張りができないという「うんざり型」は、第6章をご覧ください。

TKKの法則の具体的な進め方は次の項目から解説しますが、一つだけ肝に銘じてほしいのは、「しつこさ」が大事ということを、しっかり自覚することです。

悪いクセを直すには、まず自覚をすることからです。自覚することで、行動を変えるスタートラインに立てるのです。

まず「しつこさ」の重要性を自覚する。
それだけで、実行力が上がります。

つまらない仕事を劇的に楽しくする「ジョブ・クラフティング」

つまらない仕事に対し

あなたはどっち?

□ それはそれとして割り切ってこなす

□ つまらない仕事でも何かあるはずだと考える

最初は、「T」、「たのしく」です。

つまらない、やりたくないことは続きません。
だからまずは「楽しく」。
これはビジネスに限らず、勉強でも、趣味でも同じです。

劇的に楽しくする方法が「ジョブ・クラフティング」という理論を使ったものです。
この理論は、イエール大学経営大学院准教授エイミー・レズネスキー氏とミシガン大学教授ジェーン・E・ダットン氏が提唱しました。

経営学では、作業効率を優先し、分業を進めてきました。その結果、仕事が細分化され、やりがいや喜びを見出せない人が増えてしまったのです。

やりがいを見失った働く人のモチベーションをいかに上げればいいかを研究するなかで注目されたのが、ジョブ・クラフティングでした。

新しい価値を発見すると脳が喜ぶ

ジョブ・クラフティングはやらされ感のあるものを、自分で考え行動することで、やりがいのあるものに変える手法です。仕事に対する考え方を変えれば、仕事が面白くなる、やる気が出ると考え、3ステップでの見直しを提案しています。

やる気を出すステップ1　仕事の意義を見直す

武蔵大学の森永雄太教授は、東京ディズニーリゾートの清掃員を例に挙げ、仕事の意義の見直しについて解説しています。

清掃員はパーク内の清掃が仕事ですが、役割を掃除係としてではなく、バケツの水で絵を描いたりするなど、パフォーマンスでお客様をもてなすキャストの一員と見直すことで仕事へのやりがいを高めているのです。

経営学の巨匠ピーター・F・ドラッカー氏の、3人のレンガを積む石工の話も有名です。

彼は旅行中、石工に「あなたは何をしているのですか？」と尋ねたそうです。

石工A「親方から命じられてレンガを積んでいる」

石工B「レンガを積んで塀をこしらえている」

石工C「多くの人が祈りに来る教会を作っている」

どの石工が仕事を楽しいと思っているかは、もうおわかりですよね。

誰のために仕事をしているのかを俯瞰的に見直すと、真の意義が見えてきます。

たとえばテレアポの仕事はあまり楽しくはないかもしれません。しかし、この電話が誰かの役に立つ、誰かを救うかも、と考えると少し見方が変わってきませんか？

やる気を出すステップ2　工夫をちょい足し

私の学生時代の体験談です。

大阪のバーに飛び込み営業のアルバイトをしていました。

最初はまったく相手にされなかったのですが、オリジナルの「終電早見表」を作って配布したら、だんだん話を聞いてもらえるようになりました。

当時はスマホはなく、携帯で終電を調べることなどできなかった時代です。

「ママ、○○線の終電何時やっけ?」

と尋ねるお客様もいるだろうという妄想から生まれた工夫でしたが、大ヒット。

お店からも評判で、リクルートへの入社につながったきっかけにもなりました。

やる気を出すステップ3　交流を見直す

ステップ3は人間関係です。会う人を変えたり、会う人との会話を変えたりしましょう。


ビジネスシーンを例にすると、おすすめはハイパフォーマーと交流することです。

私も、トップセールスを誇る先輩たちに幾度も同行させてもらいました。

「こんなことやってるんやな」

「まだまだ自分にもやれることあるなあ」

と、彼らの言動から本当にたくさん気づきを得ました。

交流する人によって自分が磨かれ、少しずつ成長していくのを感じたものです。

いつも会う人に対してなら、話す内容や話し方を普段と変えるのもおすすめです。

仕事の多くは実は単調な作業です。だからこそ、ジョブ・クラフティングが重要なのです。

人間は自分の過去の経験に照らして、楽しくない、好きでないと判断します。しかし、何か新しい発見や気づきを得られたとき、脳は快感を覚え、楽しみを感じるように変化します。たとえば、食わず嫌いだった料理を人にすすめられて食べたとき、意外なおいしさを感じ、その後そればかり食べてしまうといったことはありませんか。

嫌いだと思っていた食材も、夏バテ防止などの目的（意義）を見出すこと、調理法（工夫）、そして誰と食べるか（交流）を見直すことで、思わぬおいしさが生まれます。ジョブ・クラフティングも同様です。楽しくないなら、楽しくなるような工夫をしましょう。

既存の枠組みや慣習に縛られすぎず、自分の得意や興味を生かした工夫ができるといいですね。

「やりたくないこと」を「やりたいこと」に変える方法

何のために働くか

あなたはどっち?

□お金のためと思っている

□自分への投資と思っている

もう一つ、「T」、「たのしく」する方法を紹介します。

上司から言われた〇〇をやりたくない。
お客様から△△をやってほしいと言われたけどやりたくない。
仕事ですから、勝手に、自分の判断だけでやめられない。
でも心は動かない、困りますよね。

こんなときは「やりたくない」を「やりたい」に変えましょう。**自分なりに価値ある・意味あるモノに変えていくと「やりたい」に気持ちが変わるんです。**

具体例で見ていきます。

Aさんは上司から取引先に提出する企画書の作成を頼まれました。
「もう別の企画書は提出しているのに、新しいのなんて意味ある？」

と思い作業が滞ってしまいましたが、

「どうせやるなら、他の取引先にも提出できるようなひな型を作るか」と考えました。


Aさんはひな型を作るという新たな意味を付加することで、「やりたくない」から「やりたい」へギアをチェンジしています。


また、営業時代の同僚のBさんは、学生のころから小説家になるのが夢でした。

小説家と営業。どこをどう結んでもつながらない感じですが、彼はいつもイキイキと営業職に励んでいました。

彼と夢について話したとき、

「営業をしていると社会の縮図が見える。いつか小説家になったとき生かしたい」

と語ってくれました。


私にもこんな経験があります。

飛び込み営業もしていた時期があって、100件飛び込んでも9割以上はケンもホロロな反応で、かなりハード。結果が出ないため当然のように全然楽しくありません。実際に飛び込み営業は離職率も高いと聞きますが、私が続けられたのは、「これぐらいやっておかないと将来的によくないかな」と意味づけられていたのが大きいです。

「どうせやるなら」と自分に投げかけ、どんな変化を生み出すか考えていけば、「自分ごと化」でき「やらされ感」から脱却できます。自分がどうすれば得をするか、逆にやらないと損をするかを考えていくとわかりやすいかもしれません。

価値や意味あるモノに変換できたとき、「やりたい」マインドが生まれ、自走力が高まるでしょう。楽しさも生まれます。

MustをWillに転換させる

「Will・Can・Mustのフレームワーク」は、「やりたい」へギアチェンジ

Will・Can・Mustのフレームワーク

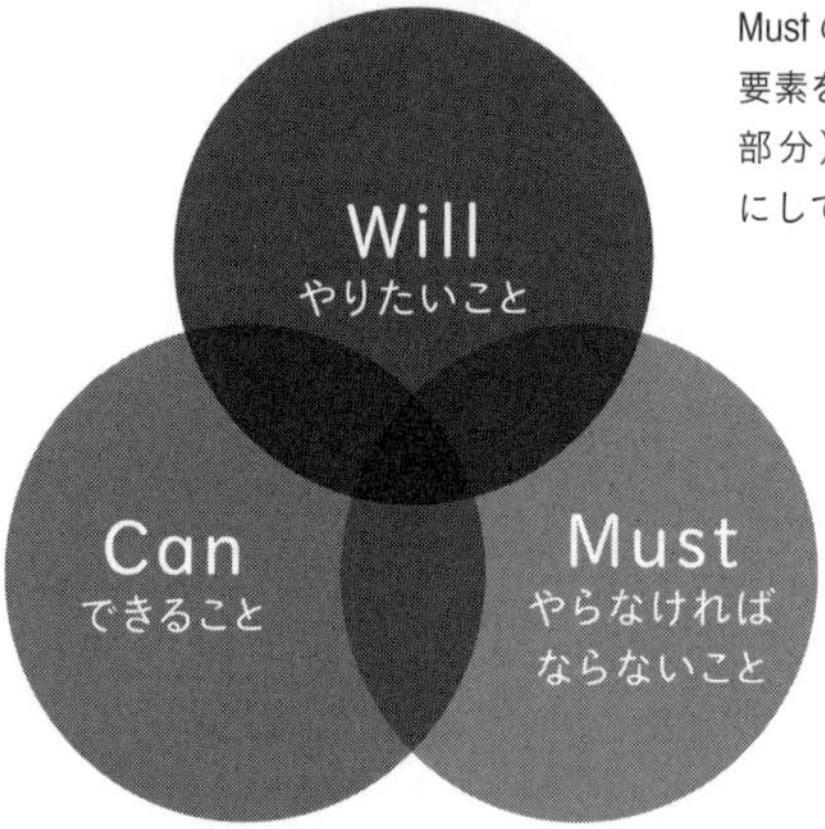

Mustのなかに、Willの要素を見つけ（重なり部分）、Willそのものにしてしまうのが理想

するときに活用できます。簡単に解説すると、

Willは、「やりたいこと」。さまさいなことでよいのですが、「こうありたいなぁ」「こんなことができるといいな」と理想の状態を挙げます。

Canは、「できること」。これまでの経験やスキルをふまえて、今の自分ができることを挙げます。

Mustは、「やらなければならないこと」。周囲の人や社会などから求められることを挙げます。

先のAさんや私が「やりたくな

い」と感じてしまったのは、企画書の作成や飛び込み営業が「Ｍｕｓｔ」だったから。「やらなければならない」という義務になっていたためつらかったんですね。

Ａさんと私が「やりたい」気持ちへと変わったのは、Ｍｕｓｔのなかにも、Ｗｉｌｌを見つけることができたからです。

しつこくやり続けて成功を手に入れている人たちは、このようにＭｕｓｔをＷｉｌｌに上手に変換できている人といえるでしょう。

Ｗｉｌｌはなんでもいい

「Ｗｉｌｌが見つからないんです」

研修では、参加者からそんな声をよく聞きます。

「やりたいこと」は、「未来にどんな自分でありたいか」ですから、最上位の目標を

かなえた自分と重なります。

「目標をかなえた自分はどんなふうかな」

と想像しながら、Ｗｉｌｌを思いつくだけ書き出してみてください。

もしもピンとくるものが出てこない場合は「好きなこと」「楽しいこと」「やりがいを感じること」を考えて、そこから「未来にどんな自分でありたいか」を想像してみるといいでしょう。

それでも見つからないという方は、人間の欲求を段階別に理論化した「マズローの欲求5段階説」を参考にしてください。このなかの「低次の欲求」、「寝たい」「食べたい」のような、生きていくのに欠かせないものでも構いません。

もし会社の指示で、英語の勉強をしなくてはならなくなったとします。これはＭｕｓｔです。その状況で、Ｗｉｌｌを見つけるのはどうするか?

そんなときは、英語ができたらどんな楽しいことがあるかを想像してみてください。臆することなく海外旅行ができます。外国人とコミュニケーションもでき、外国

マズローの欲求5段階説

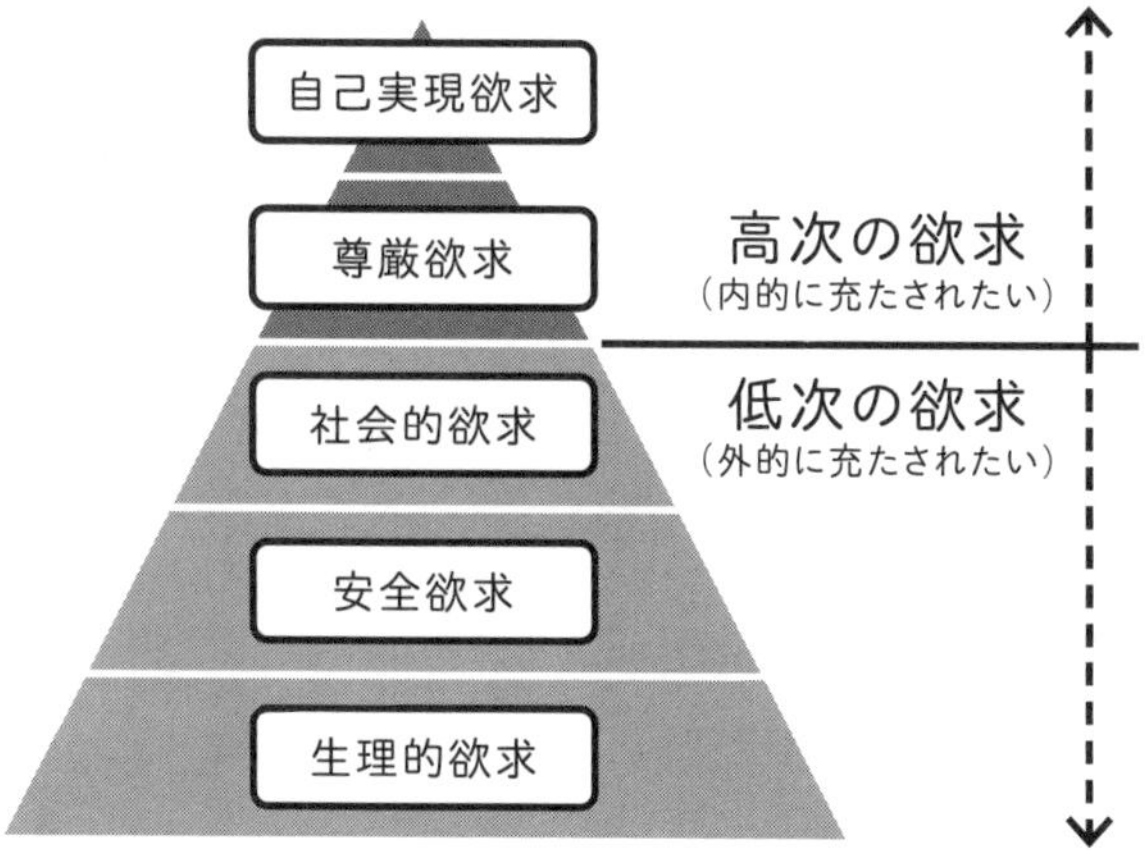

人の恋人も作れるかもしれません。

そんなふうに考えると、楽しくなりませんか？　英語を学ぶ目的・理由を置き換え、ＭｕｓｔをうまくＷｉｌｌに変換。イヤイヤだったはずの英語学習を、自分の価値あるものにするのです。

無理に高尚なＷｉｌｌを作るより、自分の欲求をそのまま出したほうが、原動力は高まりますよ。

難しそうに見えることを簡単にする方法

仕事の服装

あなたはどっち？

□ 会う人ごとに徹底的にコーディネート

□ ある程度、仕事の服装は制服化

次は「K」、「かんたんに」です。

しつこさを発揮するには、なるべく簡単なのがベストです。

自分がダイエット中だったとしたら、どちらを選びますか？

A．体重計を棚に置き、使うたびに出す。
B．体重計を目に付くところに置く。

Bの方が、体重計に乗る頻度が増え、増減に目配りしやすいでしょう。

絶賛ダイエット中の私も、朝起きて、身支度する場所までの動線に体重計をセッティングしています。

朝起きたら必ず通る場所なので、体重計に乗って計測するのが習慣化されました。

いかに「わざわざ」を減らすか、と考えていくといいでしょう。
少ないエネルギーでコスパよく、それが「K　簡単に」のねらいです。

簡単にすれば、しつこくなれる

挫折せず、しつこくやり続ける人を観察していくうちに、次の3つのコツを身につけている人が多いことがわかりました。

1. フォーマットを作っている

ジョブズ氏や、フェイスブック社のザッカーバーグ氏がプレゼンをしているときの服装を、意識して見たことはありますか。

彼らはいつも同じ恰好。服を選んだり考えたりするのにかけるエネルギーや時間を無駄と考えていたからだそうです。

一つに決めれば、迷ったり、悩んだりする煩わしさから解放されますし、やり続けることもしやすくなります。

2. 手間を省いている

ビジネスシーンで、クライアントから届くメールにどう対応していますか?

パソコンのメールアドレスに届くから、パソコンを立ち上げて返信。移動中に届いたメールならスマホで返信という方が多いかもしれません。

私は、スマホの音声入力をフル活用しています。

「え?」と思った方は、一度ご自分のスマホで試してみてください。手でタイピングする10倍の速さで作成できますよ。

また、ユーチューブでも活躍されているメンタリストＤａｉＧｏさんは、ｉＰｈｏｎｅひとつで動画を撮影、投稿しているそうです。クオリティを保ちつつ手間を省いて時短できれば、空いた時間を有効活用してパワーを維持することに費やせます。

3．判断を減らしている

1、2と重なる部分もありますが、判断にかけるエネルギーを極限まで減らすよう努力しましょう。

複数の選択肢を比較して判断するのは、とてもエネルギーのいることなんです。知らず知らずのうちに、判断疲れを起こしているかもしれません。

取り入れてほしいのが、「ｉｆ‐ｔｈｅｎ（イフゼン）プランニング」という方法です。ハイディ・グラント・ハルバーソン氏が『やり抜く人の9つの習慣 コロンビア大学の成功の科学』（ディスカヴァー・トゥエンティワン）で紹介している方法です。

条件反射でやるべきことを自動化する究極のメソッドとしてイチ押しです。

方法はとてもシンプルで、

「もし○○になれば◆◆する」

というフォームに行動を落とし込み、実践するだけ。
「もし19時になったら、ジムへ行く」
「もしミーティングが開始されたなら、1回以上発言する」
「もし電車に乗ったら、単語を5つ覚える」
といったふうにです。

行動によって変動はありますが、2カ月ほど続けると努力を無意識のレベルにでき、習慣として定着します。

このメソッドを使うと、成功率が2～3倍上がるそうなので、試してみない手はないですよね。

また、毎週○曜日は「○○の日」などと、完全に決めてしまうのも手です。「いつ、○○に行こうかな」といったことすら考えない。

こんなちょっとしたことが、続けることにつながるのです。

効果の細かな確認が
やる気にスイッチを入れる

目標設定するなら

あなたはどっち？

□ 最終目標は細分化して途中経過をチェック

□ 当面の目標をざっくり作って最終的に結果をチェック

最後の「K」は、「こうかを確認する」です。

私が在籍していたリクルートでは、目標も人事評価もすべて「クォーター制」を採用していました。

クォーター制とは1年を4半期に分けて3カ月ごとに目標等を設定するもので、グーグルやメルカリをはじめ多くの企業で採用されています。

当時を振り返って感じるのは、在籍時の同僚や先輩に目標達成志向の方が多かったということです。

リクルートは営業1人1人に3カ月単位の営業目標が設定され、達成すると社内表彰がされました。

目標自体も具体的な数値で細分化して設定されていたので、自分自身で達成度を把握しやすいというメリットもありました。

3カ月ごとに、やったこととやり残したことの両方が評価されましたが、「もっとできそうじゃん」

「次いけるねえ」

と、とてもポジティブな評価面談が行われていました。

こういった企業風土が、

「絶対に達成できるし、達成します」

と宣言できる目標達成志向の人材を育んだのだと感じています。

「効果を確認する」よさを裏付けるのは、心理学でも、

・人には、自身の進捗を確認できる頻度が増せば増すほど、創造的な仕事の生産性を長期的に高めやすくなる。

・自分が取った行動に対する結果が見えるようになると、脳は「もっとやりたい」という気持ちを持つ。

といったことなどが実証されています。

効果を「見える化」すると気分が上がる

「効果を確認する」手段として、記録もおすすめです。

例えば、「ダイエットを続けよう」なら、毎日の体重の変動がわかるように計測した数値をグラフで示す。

「読書習慣を身につけたい」なら、まずは毎日の読書時間を夜22時からと決める。そして、読んだ本のタイトルと読書時間、読んだページ数をメモするというふうにです。

注意してほしいのは、記録すること自体が目的ではない、ということです。

前述のように、複雑な工程は「しつこくやり続ける」阻害要因です。

記録をつけ始めても面倒で続かないのでは、何のための記録なのか本末転倒になりますから、毎日、難なく続けられる簡便さはキープしてください。

簡便にという点でいえばアプリを使うのもおすすめです。

ダイエットなら、毎日の体重や食事が記録できるアプリや、データをスマホに転送し計測結果を一括管理できる体重計とアプリなども要チェックです。

私はユーチューブチャンネルを運営していますが、ユーチューブの管理画面では、チャンネル登録者数や再生数などが自動的にグラフ化されて表示されます。当初は、数字の伸びが悪く悩んだときもありましたが、いまではこのグラフを見ているだけワクワクしてきます。

繰り返しになりますが、記録は「効果を確認する」ためにつけるものです。今の自分の状態を把握するため、という目的を忘れないようにしましょう。

目に見える記録なら、見返して「がんばっているね、私」と自分をほめ、自己肯定感を上げる材料にもなりますから、一石二鳥です。

過去365日間のチャンネル視聴回数

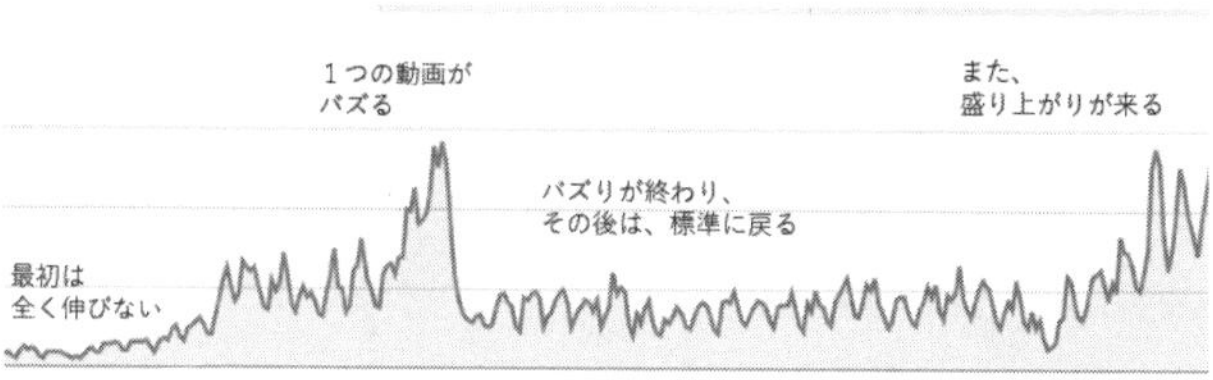
１つの動画が
バズる
また、
盛り上がりが来る
バズりが終わり、
その後は、標準に戻る
最初は
全く伸びない

この期間の人気動画

動画		平均視聴時間	視聴回数
1	【一瞬でわかる】仕事ができない人の話し方５選 2020/05/13	5:32 (39.1%)	209,250
2	【営業トーク・切り返しトーク】切り返しの営業トーク（テレアポ、商談で... 2020/01/14	4:38 (43.7%)	161,344
3	新規営業のやり方⑦ テレアポ成功術・テレアポ実践のコツ｜リクルートで元... 2020/03/19	8:04 (42.4%)	64,970
4	【電話応対を苦手克服】電話営業・電話での話し方でセンスを魅せるコツ（リ... 2020/07/14	5:50 (42.1%)	59,121
5	新規営業のやり方① テレアポ成功術・テレアポの話し方｜リクルートで全国... 2019/10/14	4:08 (51.9%)	55,571

いまやるべきことを明確にして、効果的にパワーを注入

複数の仕事の進め方

あなたはどっち？

□ どれも重要案件、マルチタスクでやりこなす

□ どれも重要案件だが、順番を付けてやる

「TKKの法則」をさらに補強するノウハウを紹介します。

第2章で、最上位の目標を決めましょうとお伝えしました。
最上位の目標に到達するためにやり続けてくださっていると思います。

ここで一度、確認してほしいのです。
「今することは何か、具体的に落とし込めていますか」

50年ほど前になりますが、心理学者のウォルター・ミシェル氏は、4、5歳の保育園児を対象に「マシュマロ・テスト」とよばれる実験を行いました。
対象児の好きなお菓子（ここではマシュマロ）をテーブルの上に置き、

A．目の前に置かれたマシュマロ1個をすぐに食べる。
B．マシュマロ1個を食べないで実験者が戻る最長20分間1人で待てたら、マシュマロが2個もらえる。

と選択肢を与え、我慢できないときはベルを鳴らしてマシュマロを1個食べてもいいというルールを伝え、様子を観察しました。

実験に参加した3分の2の子は待てずに1個のマシュマロを食べ、2個もらえたのは全体の3分の1。待てた平均時間は6分だったそうです。

この実験は、子どもが対象でしたが、実は大人も同じ行動を取りやすいようです。つまり、「人は目の前の報酬（罰則）を過大に評価し、将来の報酬（罰則）を過小に評価する傾向がある」ということ。行動経済学では「双曲割引」とよんでいます。

「おもしろそうな動画があるから、宅建の勉強は明日からがんばろう」と思ってしまう理由も、双曲割引で説明がつきそうです。

もし、目の前の誘惑に負けそうになったときは、将来、手に入れたい成果を具体的にイメージするといいでしょう。宅建の資格をとってどんな成果を得たいか。資格手当をもらう、一年後に転職、四十歳までに独立……。夢や目標が具体的になれば、誘惑に負けて物事を先送りにせず、今やらなきゃというモチベーションも高まります。

今やるべきことも明確になるでしょう。

誘惑に負けて、動画を見てしまいそうだという方は、必要なとき以外スマホやパソコンの電源を切るなど、誘惑に接しないようにする心がけも必要ですね。

何に集中するか、マトリクスで決める

もう一つ確認してほしいことがあります。

「やり続けるべきタスクでいっぱいいっぱいになっていないか」ということです。

人の脳は構造上、複数のタスクを同時にこなす「マルチタスク」は不得手で、一つだけをおこなう「シングルタスク」の方が集中力が持続して、トータルで見ると効率がよいそうです。

何をするかしぼりましょう。

緊急度・重要度マトリクスを活用する

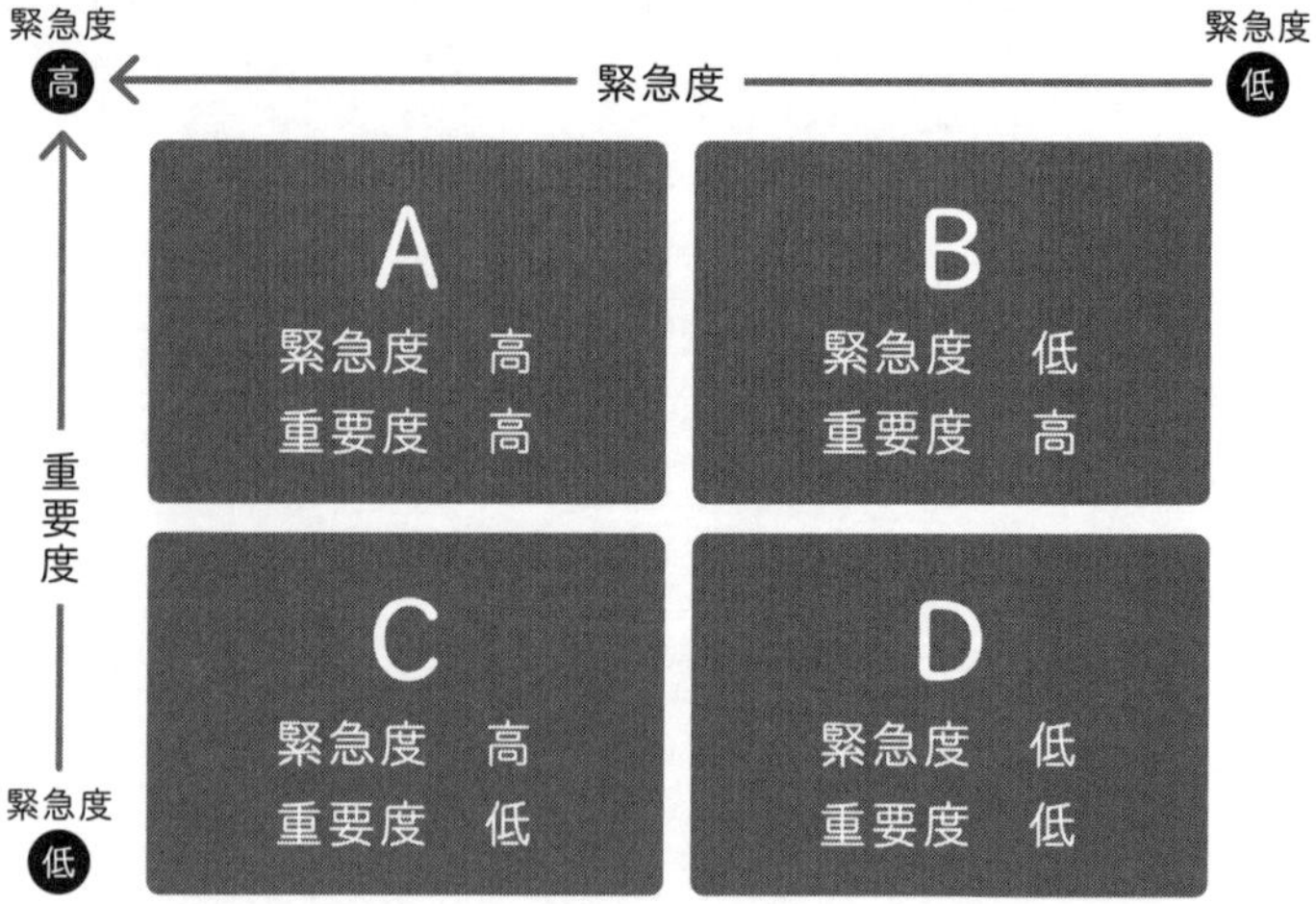

このマトリクスに、抱えているタスクを書き込んで、仕事の優先順位をつけます。Aの領域は、緊急度も重要度も高く、最優先で行うべきものです（たとえばクレーム対応、納期の迫った仕事など）。一方でDの領域は、どちらかというと無駄な仕事に分類されるべきものです。

しぼる方法としておすすめなのが「緊急度・重要度マトリクス」です。

ビジネスはもちろん他のどんなシーンでも使えます。

このマトリクスで緊急度と重要度を基準に優先順位を決めれば、パワーを今、どこに注力すべきかが把握しやすくなります。

「やり続ける」でいうと、つまずきが発生しやすいのがBの領域。

重要度は高いけれど緊急度が低い、つまりすぐに結果が見えないことが多いので、「やーめた」となりやすいんですね。


なお、やり続けることを後押しする手段として、やるべきことを手帳に書き込むのもおすすめします。

計画を具体的な計画に落とすと行動する可能性が300％高まるそうです（『やり抜く人の9つの習慣 コロンビア大学の成功の科学』より）。手帳に書くというシンプルな方法ですが効果は絶大。ぜひ取り入れてみてください。

捨てるものをハッキリ決める

大量の
仕事を
抱えたとき

あなたはどっち？

□ 自分がやった方が早い。自分一人でやり抜く

□ 他人に頼めるものは、他人に投げる

「重要度・緊急度マトリクス」で優先順位を確認しました。

優先順位をつけるというのは、やることを決めるだけでなく、「不要なものを捨てる」こともあります。

先のマトリクスでいえば、Dの領域は緊急でも重要でもないので、できるだけ減らしましょう。Cの領域もほんとうに必要かどうか、検討が必要です。

ただし、いきなり全消去よりもなくしたらどうなるかを確認しながら徐々になくすのがよいかもしれません。

他にも、今、この時代だから見直してほしいと私が感じていることを、3つシェアしますね。

1．「1人でやったほうが早い」を捨てる

「早く行きたければ、1人で行け。遠くまで行きたければ、みんなで行け。」

というアフリカのことわざがあるそうです。

初めて知ったとき、うまいこと言うなと感心しました。

みなさんが立てた最上位の目標は、達成するスピードよりも、着実に達成することが求められているのでしょう。

ということは、全部を1人で負わなくていい。

むしろ周りの人の知恵や力を積極的に借りましょう。人に任せられる仕事は人にやってもらうべきです。

2. 結果に直結しないものを捨てる

何を無駄と考えるかは人それぞれですが、最上位の目標を達成するために必要がないものは、ためらわずに捨てましょう。

1時間前から今までにやったことを、試しにメモしてみてください。

目標と照らして無駄と感じるものはありませんでしたか?

勇気をもって手放し、空いた時間をほんとうにやるべきことに当てましょう。

3. コロナ前の当たり前を捨てる

日本で初めて新型コロナ感染症の患者が確認されたのは、2020年1月のことでした。

以来、生活は大きく一変しました。

「ああ、コロナがなかったら」と、いつまでも過去の当たり前にこだわってしまうと、それがあなたの枠、しばりになってしまいます。

「コロナになる前は○○だったのに」から「コロナの今だから△△」へと思考をシフトしましょう。

例えば、「会社に行かないと仕事に集中できない」と思い込んでしまうのではなく、テレワークでも集中できる方策を考えるというふうにです。

「当たり前」を捨てて、「今できること」にフォーカスするのも、サバイバル力といえるでしょう。

第4章

「しつこく」なるための心の持ち方

——マインドセットの作り方

やる気を無駄に浪費するな

もし
経営者なら

あなたはどっち？

□ リソースは、勝てるところに集中させる

□ リソースは、分配して勝負

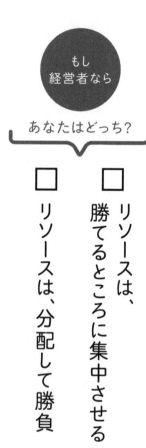

『WILLPOWER　意志力の科学』（インターシフト）の著者のロイ・バウマイスター氏によると、

・意志力の貯蔵庫は1つ。
・意志力には限りがあって使うと減る。

ことが研究によって明らかになっているそうです。

この研究結果をふまえると、何かをやり続けるには、力は分散させないほうがいいといえます。

例えばCさんは「3カ月後のパーティーに着るドレスが最高に似合う体形になれるように5キロやせる」という目標を立て、こんな方法を考えました。

1. 敏腕パーソナルトレーナーの指導を受ける。
2. 毎朝1時間早足ウォーキングで公園を散策。
3. 夜は酵素で置き換えダイエットをする。

4. 友達との飲み会を週3回から週1回へ減らす。
5. 毎日の体重と食事を手帳に記録して見返す。

「朝に2、夜に3をやって、4で生み出した時間に1をして、朝の身支度のときに体重計にのって、朝と夜の食事を手帳に書けば楽勝」

と5つをはりきって始めました。

時間帯もバッティングしませんし、たしかにうまくできそうです。

3カ月後のCさん、ドレスはなんとか着られました。

が、目標の5キロマイナスには届かなかったそうです。

バウマイスターの理論に則るならば、Cさんが失敗した要因の1つは5つを同時に行ったことと考えられます。

意志力には限りがあり、1つしかないのだから5つを並行して行うのは賢いやり方ではないのです。

分散した状態ですと、結果的に1つにかけられるパワーが減ります。5つやるなら1つにかけられるパワーは5分の1ずつ。

足せば1ですが、5つやってやっと1と考えると効率が悪いですよね。

たられればの話になりますが、Cさんは最上位の目標（ここでは5キロマイナス）に近づくのに最適な方法を吟味して、1点集中で注力すべきでした。

例えば1がいちばん効果が出そうと考えたなら、そこに全パワーをかけてやる。定期的に効果を見直して、「いまひとつだな」と感じたら次のやり方へ変えるのは、目標自体は変えてないのでアリです。「やり続ける」ことに相違ないからです。

なんでもかんでも取り入れるというのは、最終的にいい結果には結び付きにくく、「しつこくやり続ける」習慣も身につきません。

せっかく生まれたやる気を最大限に発揮するには1点集中、これにつきます。

成功のイメージはできる限り具体的に持つ

将来のイメージ

あなたはどっち？

□ 将来の成功を妄想する

□ 捕らぬ狸の皮算用なんてしない

先ほどのCさんで真似てほしい点があります。

それは、成功のイメージを具体化することです。

5キロと具体的な数値を挙げているのもいいですが、「ドレスが着られる」というのがより具体的で、自分ごとだからいいんですよね。

成功のイメージをいかに具体的に持てるかは、やり続けられるようになるコツでもあります。

私の場合、これまで本を何冊か出してきましたが、いつも10万部突破をイメージしながら執筆してきました。

10万部突破も具体的な数値ですが、そこで終わらず、

「10万部を超えたら、家族はなんというだろうか」

「どんな気分になっているかな」

「研修の仕事にどんなプラスが生まれているやろ」

などなど細かくイメージし、ノートに書き出していました。

ここが具体的になると、

「じゃあ、何を、今すればいい？」

という今の目標も具体的になりますし、今の目標が具体化するとモチベーションもアップする。いいサイクルにのれるんです。

イメージの具体化については、ドミニカン大学マシューズ氏の研究でも実証されていて、「目標は見える化すると効果的」なのだそうです。＊12

ですから、とにかくイメージしたことは、ノートなどにどんどん書き出していくとよいでしょう。ちなみに、前述のノートは、今でも大事に持っています。

なかなかイメージが広がらないときは、実在の人物でもアニメの主人公でもよいので、目標に近いと考えるあこがれの人になりきってみる「モデリング」も一手です。

「その人だったら、どんなことを言いそうか？」

＊12 Matthews, G. (2015). Goal Research Summary. Paper presented at the 9th Annual International Conference of the Psychology Research Unit of Athens Institute for Education and Research (ATINER), Athens, Greece.

と考えて具体化するといいでしょう。

ちなみに、ついつい人と比べてしまう人がいますが、**ここで大切にしたいのは「いまの自分が未来の自分と比較してどうなのか」**です。

やらなければいけないこと（Ｍｕｓｔ）から自分を解放して、Ｗｉｌｌをより、具体化しましょう。

自分の強みを使って勝ちパターンを作る

強みについて

あなたはどっち？

□ 強みがない人もいる

□ 誰にでも強みはある

「しつこくやり続ける」マインドをつくるポイント3つめは「強みを生かす」です。

人よりうまくできること、活力が湧くことを認識し、強みを見つけましょう。強みを生かせると、幸せや成功につながり、やり続けるしつこさも湧いてきます。

私の話を2つご紹介しますね。

部下Dさんは元引きこもり。おしゃべりが苦手で、思うような営業の成果が出ていませんでした。

私から見たDさんはたしかに会話に難ありでしたが、すごい凝り性なんです。そこは「自分にはないところやな」と素直に感心しました。それであるとき、Dさんに、

「君はガラケーに詳しいみたいやし、求人広告をガラケーで見る人のために、ガラケーで見やすいコピーの作り方を考えてみてくれない？」

と依頼してみました。

2週間後にDさんから届いたレポートは、微に入り細に入り練られ、全機種ごとにベストなコピーの見せ方が完璧に解説されていました。

Dさんの作成したマニュアルは全事業部の財産になりましたし、会話が不得手だったDさんはみなが一目おく存在へと変わりました。

もう一つは内向的な女子Eさんのケース。営業成績がいまひとつ伸びずにいました。Eさんの上司は雑談の中で、Eさんがカメラ好きと知りました。

「営業にカメラを使ってみたら?」

と言われたEさんは「え、趣味を仕事に使っていいの?」と半信半疑ながらも、営業先を回るときは必ずマイ一眼レフを持参し、求人広告に生かせそうな写真をサービスで撮影していたそうです。

好きというだけあって相当な腕前で、写真を使った広告が効果を出したという評判が評判を呼び、求人のオーダーがバンバン入るように。

Eさんはやがてトップセールスを叩き出すまでに成長しました。

強みを見つける「モチベーション曲線」

Dさんも Eさんも、自身が持つ強みを武器に勝ちパターンをつかみ、やり続け、成功を手に入れました。

強みを生かす機会がないならばつくればいいし、強みがないと感じたら探せばいいんです、DさんやEさんのように。

強みを見つけるのに使えるのが、「モチベーション曲線」です。

モチベーション曲線とは、自分の過去の体験からモチベーションの動きを振り返るもので、縦軸にモチベーション、横軸を時間として時系列に記します。

曲線の変化のきっかけとなる出来事については、

「どんなとき、モチベーションが高く（低く）なったか」

モチベーション曲線から強みを見つける

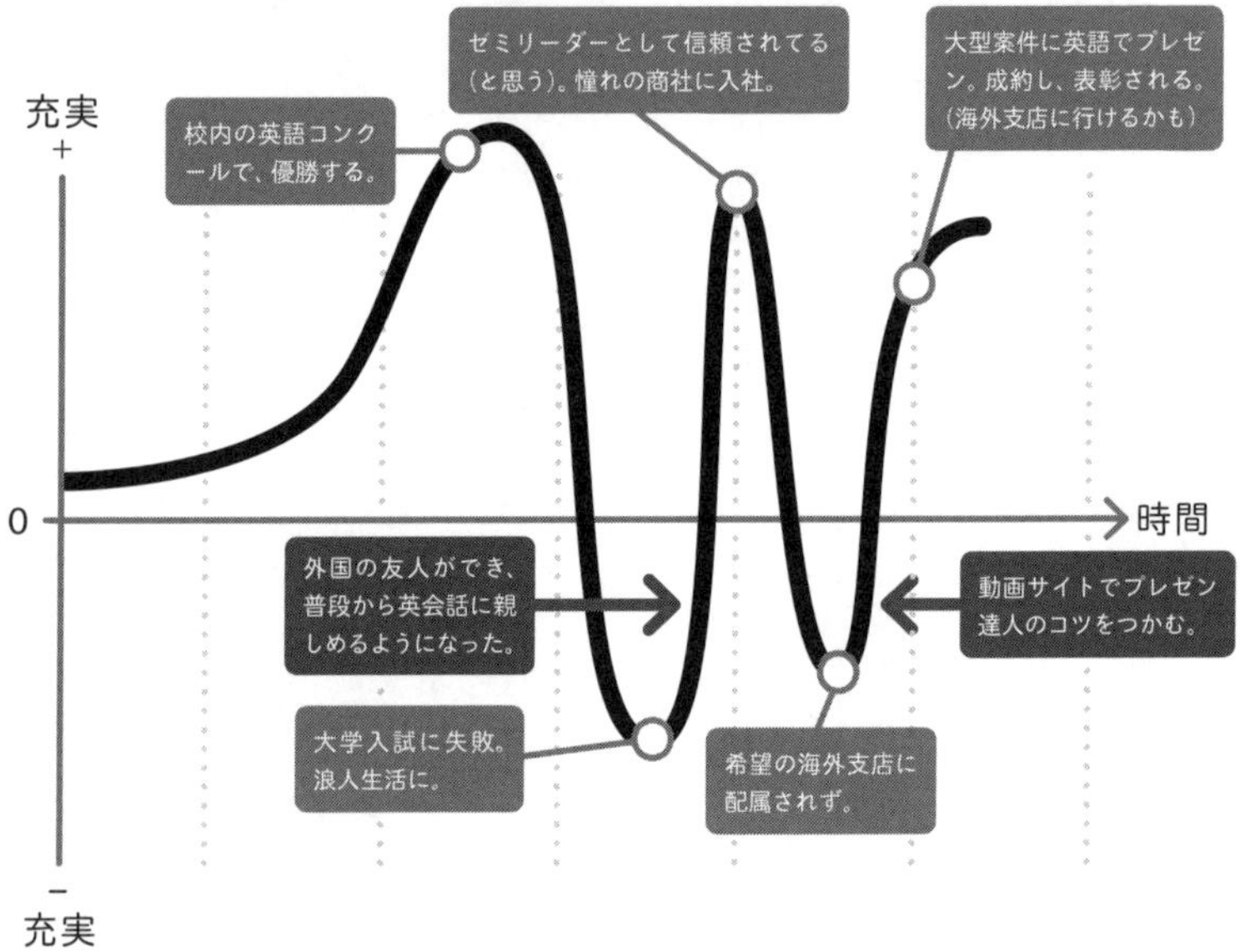
充実
+
校内の英語コンクールで、優勝する。
ゼミリーダーとして信頼されてる（と思う）。憧れの商社に入社。
大型案件に英語でプレゼン。成約し、表彰される。（海外支店に行けるかも）
0
時間
外国の友人ができ、普段から英会話に親しめるようになった。
動画サイトでプレゼン達人のコツをつかむ。
大学入試に失敗。浪人生活に。
希望の海外支店に配属されず。
−
充実

1. 過去を振り返り、モチベーションが上がったとき、下がったときのグラフを描きます。
2. 曲線の山と谷の部分に、そのきっかけとなった出来事を記入します。
3. 山になっている部分の共通点、また、また谷の部分から、どのようにモチベーションを上げたかを洗い出します。

この例の場合、山になっている部分の共通点は「人からの良い評価」。谷から上昇させる方法としては、得意な人を見つけて、よいところを吸収する、真似する「モデリング」（164ページ参照）という共通点が見えてきます。この「モデリング」が強みとなります。

「モチベーションが高く（低く）なったきっかけは何か」を確認していくと、自分の勝ちパターンを見出しやすくなりますよ。

右の図にあるように、モチベーションの谷の部分は、挫折や困難に遭遇したときです。ここからモチベーションを上昇させたというのは、その挫折や困難を乗り越えるため、何らかの力を発揮したと考えることもできます。特に意識せずにやってきた、という方も多いでしょうが、あえてこのように書き出すことで、自分の強みをしっかり認識できるようになるんです。

就職活動でやったことがある人も多いかと思いますが、過去を遡って強みを見つけ、勝ちパターンでしつこくやり続けてください。

すぐ飽きてしまう人は「変化」を活用する

飽きることについて

あなたはどっち？

□ すぐ飽きる人間はダメだと思う

□ 飽きるのは仕方のないことだと思う

飽きるのは悪いことではありません。
というのも、**飽きるのは脳の特性上避けられないことだからです。**

飽きてしまうのは大前提。
飽きたら対処するのが賢明でしょう。

前述してきたとおりに、やり続けるための変更はおおいにアリなのです。
変更を恐れずに、飽きないための工夫をしていきましょう。

どんなにおもしろく、価値を感じる仕事であっても、いつか飽きてモチベーションは下がります。
モチベーションを下げないために、いくつもの企業が取り入れているのが、変化をつくるやり方でした。

2年に1回とか、よきタイミングで配転させることによって、新たな学びの機会を増やし、飽きやすさを軽減しているわけです。

私は健康のために毎日納豆を食べていますが、いくら体にいいと思っていても同じだと飽きます。だから、

・薬味を変える
・納豆を入れる容器を変える
・いつもと違うメーカーの納豆を食べてみる
・思い切って調理法を変えてみる

といったことをしています。

日々のビジネスシーンなら、普段と違うテンプレートで書類を作る、作業の順番を変える、効率化を図るアプリなどを導入する、といったことでもいいでしょう。

「そんな小手先のことでいいの?」

と思うかもしれませんが、ちょっとでも十分に気分転換を図れ、やり続けられるようになります。

「モンハン」が飽きない理由

「モンハン」の名で知られる大ヒットゲーム『モンスターハンター』（カプコン）は、ひたすらモンスターを倒すということの繰り返しです。それでも、飽きずに何百時間も続けている人もいるそうです。これはキャラクターの見た目や操作感の変化があること。プレイヤーのレベルに対して絶妙な難易度に設定されており、あとちょっと頑張れば豪華な報酬が得られる、といったことが、やめどきを忘れ、没頭させてしまう理由のようです。

このように、人気の高いゲームの多くは、ステージをクリアするごとに新たな敵やアイテムを得られます。自分の成長を如実に感じられる工夫もさることながら、いい変化が続くので、飽きずにゴールをめざせる点は脳の特性をふまえたすごい仕掛けだなと感じます。

「モンハン」のように、「ちょっとした目標を立て、自分に褒美を与える」「新しいささいな喜びを見つける」「小さな変化をつける」工夫が、やり続ける習慣化を支えます。

好きなこととの組み合わせ

自分が好きなことと組み合わせるのも、飽きを防ぐ方法の一つです。

よく音楽を聴きながらジョギングをしている人がいますが、あれには意味があります。

実は音楽には、疲労感を軽減させる作用があるということが、近年の研究から明らかになっています。また、曲のリズムに合わせて、軽快に走るということもできます。

そもそも走ることはつらく単調ですが、好きな音楽で気分を高めながら走ることで、「ジョギングは楽しいもの」と捉えることができ、飽きの防止にもなるのです。

勉強や仕事でも同様です。「ながら勉強」はよくないといわれることも多いですが、気分が上がるなら、「ながら勉強」を取り入れるのもよいと思いますよ。

第5章

スランプ・挫折の打開策

――「しつこさマインド」をもっと高める

「真似」は新たなものを生み出す正攻法と捉えよ

他人のビジネス手法

あなたはどっち？

□パクるなんてとんでもない

□盗めるものは盗んでしまえ

やり続けるなか、行き詰まり、壁とぶつかる場面も出てくると思います。

そんなときの打開策は「真似る」ことです。

先輩や友人、同僚など、身近な成功例や成功者をつぶさに観察し、徹底的に真似ましょう。

「真似る」と「学ぶ」は同じ語源、「真似」は成長の階段を上る早道です。

「一流のアーティストなら、無から生まれるものなんて何もないと知っている。創作品には必ずベースがある。100%オリジナルなものなんてないんだ。」＊13

この刺激的な発言は、クリエイター、オースティン・クレオン氏の言葉です。

彼は「よい盗み」「悪い盗み」という表現で、真似る意義を述べています。

全くのオリジナルなど世の中にないのだから、イチから独自の理論を構築するより、すでにセオリー化されたモノを活用するほうが短時間で成功に至れるというのです。

単なる二番煎じにしないための工夫は必要ですが、他者を真似、学び、プラスに働

＊13『クリエイティブの授業（STEAL LIKE AN ARTIST）』（実務教育出版）より

くと思ったことは貪欲に取り入れるのがカギとなるでしょう。

「モデリング」で売り上げが大幅アップ

なりたい対象（見本）の行動や動作を真似て対象に近づこうとすることを、心理学では「モデリング」とよんでいます。

憧れのプロ選手のフォームを真似してテニスの腕を上げたとか、好きな俳優の髪形にしてモテたとか……モデリングの経験はきっとみなさんいくつもお持ちですね。

人はモデリングによって成長していきますがポイントは「何を見本にするか」です。

自身の経験を振り返ると、私は、デキる人をモデルにしてきました。

例えば、新人時代。営業成績が頭打ちになって悩んだときは、別の事業部のデキる先輩に話を伺いました。

その先輩の話は示唆に富んでいました。「この人を真似よう」と即実践を始めたところ、月一件だった契約が十二件も取れるようになりました。

ほかにも、クレーム対応に長けた別の先輩をモデルにして自分の営業スタイルを変化させたこともありましたし、いろんな方を真似して学び、今の私があるんですよね。

不足した部分はよいモデルを真似、自分のスタイルをつくっていけばいいんです。

一人を真似て効果が出なければ、別の人、また別の人とハイパフォーマーからよい部分を盗み続ければいい。そのうちに自分らしいやり方が構築できるのですから。

徹底的に真似て、超えろ

かの有名な画家パブロ・ピカソはこう言いました。

「優れた芸術家は模倣し、偉大な芸術家は盗む」

注目してほしいのは、次へ進むステップとして挙げられた「盗む」です。「盗む」は、言い換えるなら自分のモノにすること。真似したモノを、考えて考えて自分らしくカスタマイズする、体得していくイメージです。

真似が学びに変わったとき、はじめてググーンと成長するんですね。

では、「真似」からバージョンアップするために必要なのは何でしょうか。

一つは「真似する対象を超えるつもりで挑む」マインドです。

私が先輩を真似たときも、気分は「追いつけ追い越せ」でした。師と仰いで真似るだけでは、どこまでいってもその人未満。究極まで近づくことはできても、永遠にその人以上にはなれません。

ですから「超えよう」という思いが何より大事になるのです。

もう一つは「好奇心」です。

真似る対象を見つけるとき、たくさんの選択肢から選べるほうがいいですよね。

そのためにもつねに好奇心を持ち、多くの情報をインプットしてほしいのです。

企業研修の参加者と雑談していると、

「それって昔の話ですよね？」「別の業界の話ですよね？」

という発言とたびたび出会い、「可能性を狭めてるな」と残念に感じます。


どちらの発言も、自分と無関係と言ってしまっているんですよね。

違うと決めつけてシャットアウトした時点で、入ってくる情報にも限りが生まれ、当然真似する対象を探す範囲も狭くなります。

成功者を真似するときも、盗むときも同様です。

自分と違うと決めつけた時点で、見えるものが見えなくなります。

好奇心を持って観察すると、生かせる（盗める）部分も発見しやすくなるのです。

マインド一つで自身の未来が変わるということは、肝に銘じてほしいと思います。

いいしつこさは伝《う》染《つ》してもらえ

意識高い系
サロンとの
接し方

あなたはどっち？

□ 意識高い系サロンにどっぷり浸かって、意識を変えたい

□ 意識高い系サロンの人脈などをうまく活用する

「続けるのが大事なのはわかるけど、しつこく続かない」

そんなつぶやきがあちこちから聞こえてくる、そんな気がします。

「続かない」→「しつこく続く」へ。

劇的に変える方法としてお伝えしたいのが「しつこさの感染」です。

具体的な話に入る前に、ベースとなる心理学の知見を紹介しておきますね。

餃子が名物の街に、数十人の列ができたA餃子店と、数名が並ぶB餃子店がありました。あなたはどちらの餃子店で食べたいですか?

「多くの人が並んでいるから、A餃子店の方がおいしくて人気がある(にちがいない)」

と考え、Aを選択する人が圧倒的に多いのではないかと思います。

「他人がとる行動は正しい行動である」と推測し、その行動に従うという原理を「ソーシャルプルーフ（社会的証明）」と心理学ではよんでいます。

「その場の空気に流されてお酒を飲みすぎてしまった」

「ストイックな人が集まっているチームだったから、自分も練習に身が入った」も同様にソーシャルプルーフの例です。

人には、周囲を見てその場の環境や雰囲気を感じ取り、「みんながやっているから」という意識で行動を決定してしまうという習性があるのです。

さらにアメリカの起業家ジム・ローン氏によると、

「あなたは最も多くの時間をともに過ごしている5人の平均である」

そうです。

以上のことから、近づきたいと思う理想の人間像に近い人との接点を増やせば、私たちは徐々に目標に近づけることがわかります。

つまり、「いいしつこさ」を発揮したいなら、いいしつこさを持つ人物をモデルに、真似ればよいのです。しかも1人よりは2人、2人よりは3人……と「いいしつこさ」を持つ人との接点を増やすと効果的でしょう。

そうするうちにあなたも「いいしつこさ」を発揮する人になれます。

よいコミュニティに属してみよう

「会社や学校にこの人と思えるモデルがいない」と感じた方は、いま自分がいる以外のコミュニティに属してみることもおすすめします。

必ずしも仕事や勉強と直結しなくてもかまいません。ボランティアや趣味に関するオンラインのコミュニティなど、形態や目的は何でもOKですが、モデルとなる新しい仲間と出会えるかがポイントです。

属するコミュニティを変えたり、増やしたりするのをおすすめする一方で、注意してほしい点もお伝えしておきますね。

まずは、新たなコミュニティに属しただけで何かをやっている気分になってしまう人が多いので気をつけましょう。

各界の著名人が主宰するコミュニティに入って情報を得るだけで万能感や達成感が湧いてきてしまうなんていうのも危険信号ですし、過度にコミュニティに依存してしまうのもNGです。

自分を高めるため、よいモデルを得るためにコミュニティに参加したという動機を、どんなときも忘れてはいけません。

本書でいえば、コミュニティに属するのが目的なのではなく、「いいしつこさ」を身につけるのが目的なのです。

コミュニティに属するのが物理的に難しい人は、尊敬する人の書籍や雑誌などを読んだり、講演や研修を聞いたりするのはいかがでしょうか。

リアルで、オンラインで。

さまざまな方法を活用してモデルとなる人を増やし、「いいしつこさ」を伝染してもらいましょう。

すぐあきらめる部下を変えた魔法の方法

人を
ほめるとき

あなたはどっち？

□ その人の行動内容を中心にほめる

□ その人の信念や能力を中心にほめる

誰でも、ほめられるとモチベーションが上がりますよね。
ですから気持ちを高めるために、周りの人の力をどんどん借りてほめてもらいましょう。

ビジネスシーンで、仕事に対してよい反応をもらえればうれしいし、励みになりますが、職場で面と向かってほめられる機会は意外と少ないかもしれません。

それなら、自分から出向き、ほめられに行きましょう。

自分が一目置いている、チームをまとめるマネジメント能力のある上司と話すとか、該当者がいなければ、好感を持っている先輩やお客様でもよいでしょう。

自分に対するポジティブなフィードバックは、受け取る機会がなければ自分から積極的にもらいに行ってよいのです。

「自分の仕事に対してフィードバックをいただけませんか？」

とストレートに聞いてもよいですし、

「改善点や、こうしたらさらによくなるということがあれば教えてください」

という聞き方もＯＫです。


「ひょっとしたら何か悪いことを言われるんじゃないだろうか」

と尻込みする必要などありません。自ら助言を求めに来る人に、悪いことを言う人はいないでしょうから。


日ごろから「自分のことを見てくれている」と思える信頼のおける上司がいたら、ぜひ会話の機会を増やしてみてください。面談などの機会を利用するのもいいですね。

他者からのフィードバックを上手に使って、「いいしつこさ」を発揮するモチベーションのアップにつなげましょう。

フィードバックは8：2の比率で

ちょっと視点を変え、フィードバックする側についてもお話ししようと思います。どんなフィードバックがモチベーションアップにつながるか、理解してほしいと考えるからです。

私がリクルートにいたとき、よく助言を求めてくる部下がいました。

助言の際に心掛けたのは、8割はポジティブなこと、ネガティブなことは2割程度の比率で、ということでした。

ネガティブといっても、「できていない」「けしからん」ではなく、改善点や工夫してみてはどうかといった前向きな事柄を助言するようにしました。

こうすることでフィードバックを聞いた部下は、「ああ、これでよかったんだ」という自信と、「こうした方がもっとよくなる」という気づきを得られると考えたからです。

ポジティブとネガティブの比率を8：2としたのにはもう一つ理由があります。

それは、人はほめられてばかりだと不安になるという性質を持っているためです。

ほめてばかりの上司ですと、

「いやいや、そんなこと本当に思っていないでしょう」

「絶対何か改善点はあるはずなのに、ちゃんと見てくれていないな」

などという印象を持たれがちなのです。

もしあなたが管理職など部下を率いる立場であれば、ぜひこの8：2の比率を念頭に置いて、フィードバックを返してあげてくださいね。

部下をやる気にさせるほめ方のコツ

ポジティブなフィードバックを返す際は、

「この仕事よかったよ」

「伊庭さん、おめでとう、よくやったじゃん」

など、評価のみに終始したシンプルすぎる言葉掛けは避けましょう。のちのち「あのときほめてもらったな」と印象に残るフィードバックでなければ意味はないのです。

意識したいのは、単に行動や結果だけをほめるのではなく、相手の能力や仕事に取り組む信念を中心に、あるいはスタンスをほめる言葉を最後に添えてフィードバックを返すことです。

「ノルマ達成できたね、おめでとう。あの忙しい中で、お客様に対してきちんと対応できたのが素晴らしかったよ。次も頑張っていこう」

「君はお客様の企業規模の大小に関係なく、真摯な姿勢で対応しているのが素晴らしいと思う。そのスタンスは継続していってほしいな」

という言葉なら、何が、どうよかったのか、相手にもしっかりと伝わります。

どんなところを評価し、伝えたらよいかを考える際の参考になるのが、ロバート・

ニューロ・ロジカル・レベル

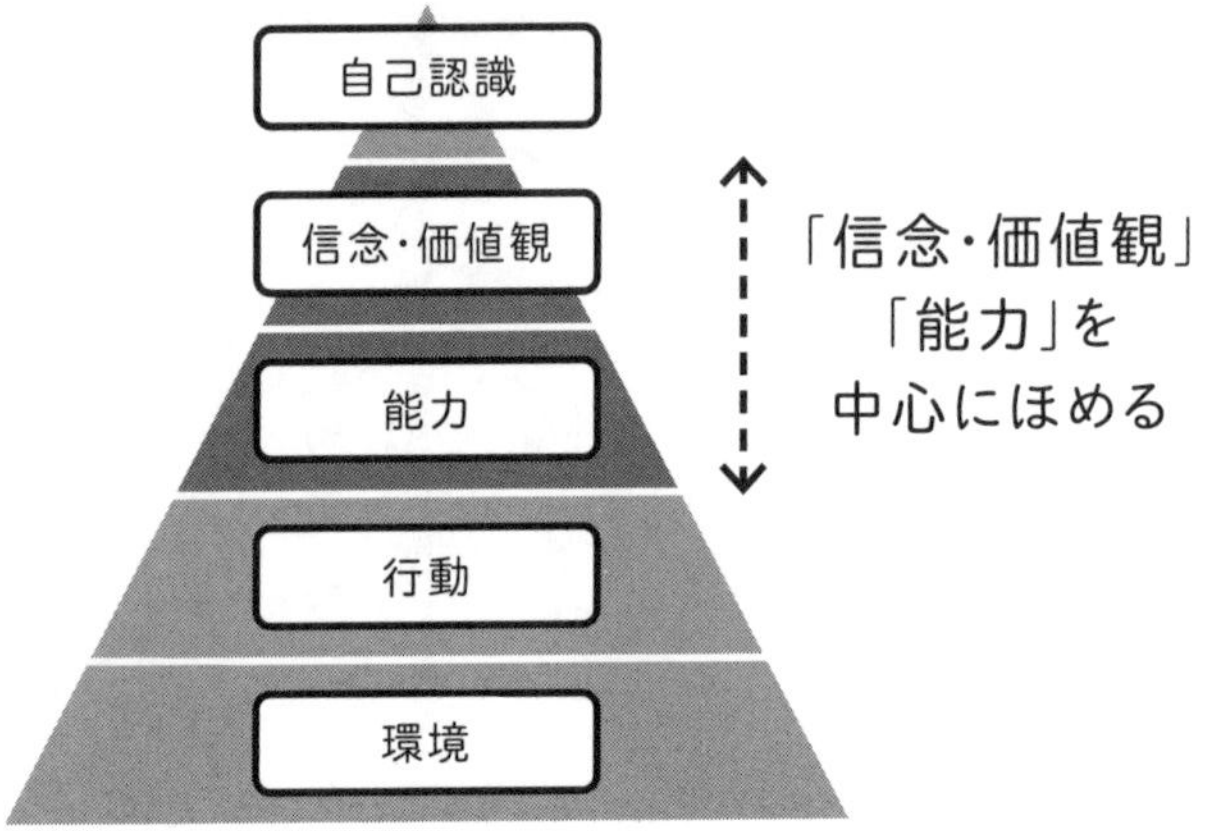

ディルツ氏が体系化した神経言語プログラミングモデルの「ニューロ・ロジカル・レベル」です。

どのレベルに対して称賛を与えるかによって相手の感じ方が異なってきますが、**三角の下位に位置する「行動」や「環境」よりも、上位に位置するその人の「信念・価値観」や「能力」に重きを置いてほめる方が、相手に与える影響は大きくなることは覚えておきましょう。**

8：2の比率と具体的にほめる言葉で、私はたくさんの部下たちにフィードバックをしてきました。

その結果、部下たちは成長しました。すぐあきらめるタイプだった部下も、しつこさマインドを備えた人へとみるみる変化していったのです。

内容のあるほめ方をしてくれる相手から受けるフィードバックは、「いいしつこさ」を身につけるモチベーションにつながります。

ほめられてもイマイチしっくりこない場合には、フィードバックをもらう相手を変えてみる、複数の人からフィードバックをもらうというのも一つの手かもしれません。

雑談だけで、テレアポ成功率が高まったすごい話

雑談について

あなたはどっち？

□ 同僚との雑談は時間の無駄だ

□ 同僚との雑談も大事だ

こんな調査があります。

受注率に約40％の差がある2つのコールセンターのセールス担当者の行動を計測し、セールス活動の業績と休憩中の職場の活性度の相関について調べたところ、業績のよいコールセンターはもう一方と比べて休憩中の職場の活性度が約40％高いという結果が得られた。

この結果を受けて、休憩時間中の活性度を上げる施策として、コールセンターの一つのチームを同年代のセールス担当者4名で編成し、3週間は休憩を各自で自由に取り、1週間は休憩時間が一致するようにワークスケジュールを組んだ。

2つの期間で比較した結果、休憩時間を一致させた場合に職場の活性度は向上し、受注率が約13％向上することが確認できた。

これは、2012年に日立製作所ともしもしホットライン（現・りらいあコミュニケーションズ）が行った調査結果からの抜粋です。

休憩時間中の活性度向上が生産性の向上につながった、つまり雑談がテレアポの成果を向上させた、という事例です。

実はこの他にも、チーム内の雑談の機会を増やすだけで成績が上がったことを示す研究は数多くあります。

たしかに、楽しく雑談した後はワクワクした気持ちになりますし、その後の仕事や勉強がスムーズに進んだ感じがする、というのも納得感があります。

これは「情動伝染」といわれる効果です。

チームの中に楽しげな人がいると雑談を一緒にしていた他のメンバーにも伝染し、チーム内の緊張を和らげるのに役立つこともわかっています。

雑談の効果は科学的にも明らか

もう一つ別の研究をご紹介します。

ハーバード大学心理学部のジェーソン・ミッチェル氏とダイアナ・タミル氏は、約300人の脳をｆＭＲＩ（磁気共鳴機能画像法）で計測したデータを分析し、「自分の感情や考えなどを他者に伝える自己開示によって、脳内にある内側前頭前皮質・側坐核《そくざかく》・腹側被蓋野《ふくそくひがいや》が活性化する」ことを見い出しました。

ちなみに、内側前頭前皮質は意欲、側坐核と腹側被蓋野は快楽物質ドーパミンに関連する部位だそうです。

つまり、話を聞いてもらうことには、

・セルフエフィカシーを上げる。
・不安や緊張から解き放すカタルシス効果がある。

といったことが、科学的に実証されたのです。

二つの研究をもとに、雑談の力を確認してきました。

こんな大きな効果があるのなら、雑談を使わない手はありません。

続けるのに行き詰まったら、友人や両親、先生、恋人……今までお世話になった方々の顔を思い浮かべてみてください。

さらに、

「今、これをやっているんだけどなかなか結果が出なくてさ」

と、何人でも、誰にでもよいので、捕まえて話を聞いてもらいましょう。

話すことで、事態が何かしら好転していくはずです。

もし、何らかの理由で「知り合いには話したくない」とか「弱みは見せたくない」と思う場合は、カウンセリングなどを利用するのも一つの方法です。

大切なので繰り返します。

雑談は、セルフエフィカシーを向上させ、立て直しを図る突破口となります。やり続けるのに行き詰まったら、雑談で乗り切りましょう。

言い方次第で、自己暗示にもなる

自分の意見を述べるとき

あなたはどっち?

□「〜と思います」と言う

□「〜です」と言う

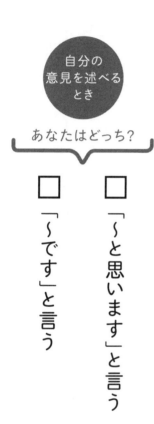

年度初めに「新年の抱負」や「今年の目標」を立てる人は多いと思います。最近は「やりたいことリスト１００」もちょっとしたブームで、やりたいことを思い描いている人もたくさんいらっしゃるのではないでしょうか。

目標ややりたいことのリスト化は悪いことではありません。

しかし「その9割が挫折」という統計があるほど、目標の達成は難しいのです。

目標を立てただけで満足した気分になることにも注意が必要です。

本書を読むみなさんは、これから「いいしつこさ」を続けようとされています。目標を立てて満足したり、挫折したりしないために「宣言効果」を活用しましょう。

「宣言効果」とは、周囲の人に向かって目標を宣言すると達成率が高くなるというもので、「パブリック・コミットメント」と呼ばれています。自らにプレッシャーを与え、確実な行動を促す方法として心理学的にも実証されています。

とはいえ、ただ宣言すればＯＫ、というわけではありません。

２０１９年にオハイオ州立大学の学生を対象に実施された実験によると、尊敬できる人に宣言した学生は目標達成率が上がったのに対し、普段接点の少ない人に宣言した学生は目標達成率に変化がなかったそうです。

つまり「この人たちからの信用を失いたくない（嫌われたくない）」という動機がしっかりなければ、パブリック・コミットメントは効果を発揮しないのです。

尊敬している人や、普段気にかけてくれているなと感じている人にこそ目標を宣言してみてください。

20代前半の私は、当時付き合っていた恋人にこんな宣言をしました。

「27歳になったら、相手が君かどうかはわからんけど結婚して、30歳で事業を興す。35歳になったらジャガーに乗るつもりだ」

当時はまだパブリック・コミットメントなど知らず、日々飛び込み営業を続ける苦しさの中で、とにかく自分を奮い立たせようと考えて宣言したのでした。

改めて検証すると、27歳で妻（宣言を聞いてくれた彼女）と結婚し、40代で独立、ジャガーではありませんが車に乗っていますので、宣言し、しつこくトライし続ければ、目標に近づけると実感しています。

宣言を聞いた相手は応援してくれるでしょうから、その期待に応えようという気持ちにもなり、簡単には撤回できないという状況も生み出されます。

先輩や同僚に宣言したときは「実は俺も将来〇〇でビジネスしようと思ってんねん」なんて輝かしい目標も聞けて、モチベーションアップにもつながりました。

つらいときこそ目標を宣言し、しつこく取り組み続ける環境をつくり出しましょう。

「何があっても」と口に出そう

パブリック・コミットメントにひと工夫するなら「強い言葉をあえて使う」です。

「できるだけやってみる」ではなく、「何があってもやり切る」

「食べ過ぎを控える」ではなく、「決めたものしか食べない」

など、強い言葉を使うことで自分を奮い立たせる効果がより期待できるのです。

これは、厳しい態度の上司から「伊庭、お前コレどうすんねん」と言われたときに「頑張ります」という答えではほぼ叱られるケースと似ています。

「頑張る」はあくまでスタンスの話で、結果を生み出すかどうかにおいては不確定であり、「何があってもやり遂げる」とは違いますよね。

こういったシーンでは「いつまでに〇〇をやります」と具体的な返答をするのがベター。これにより発言に責任感が生まれ、期日までに行える確率も高まるでしょう。

同様に怒られがちな言い方に「〇〇をやろうと思います」があります。

「それでは次の歌、いってみたいと思います」

「今回の動画では、これをしてみようと思います」

など、テレビやユーチューブでも「思う」を付けた文末が定着していると感じます。

そもそもの意味合いを考えれば、

「それでは次の歌にいきましょう」「次の歌は〇〇です」

といちいち「思わ」ずに進行すればよいはずです。

その方が歯切れよくスムーズな進行になるのにそうしないのは、何となく自分の色を出したくない、責任を取りたくないという考えが隠れている気がします。

もしみなさんが自分の最近の会話を振り返り「思う」を多用していたら、「思う」を使わず、「○○です」と言い切るクセを付けるよう心がけてください。

自信が伴っていないことでも構いません。

言い切ることで相手からは自信があるように見られますし、何よりパブリック・コミットメントの効果で自分を奮い立たせることにもつながります。

間違っていたり失敗したりしたら、そこから訂正してカバーしていけばよいのです。

「言霊」という言葉があるように、古くから日本では言葉には力が宿るものと信じられてきました。

言葉の力をうまく使い、「しつこさマインド」を作り上げていきましょう。

第6章

弱気になったときのメンタル克服術

――成果がでないときの、もうひと踏ん張りのやり方

あと1ミリ先に成功がある

10回やって
失敗したとき

あなたはどっち？

□ 10回もやった。もう無理だとあきらめる

□ 11回目で成功するかもと信じて続ける

「お、ねだん以上。」のキャッチコピーでおなじみのニトリ。

40年前に30坪の店舗から始まったニトリは、2020年2月には国内・外に607店舗にまで増え、家具インテリア業界で急成長を続けています。

ニトリの創業者似鳥昭雄会長は、著書やTV番組で数々の失敗の中から成功を生み出してきた経験を語っています。

自身の成功哲学が社内に息づいているからこそ、失敗をネガティブなものとしない考え方が浸透し、現在の企業規模にまで成長できたのではないかと私は考えます。

書籍でも紹介されていますが、ニトリでは、「観分判《かんぶんはん》」という言葉が社内で頻繁に使われているそうです。

これは、冷静に事実を観察する・事実から分析をする・具体的で正しい判断をする、という「観察・分析・判断」の3つの軸で現状を整理し、直面している問題や課題を解決していこうというものです。

「失敗は成功に至るまでのプロセス」と捉え、失敗をしてしまったらそれを放置せず、次につなげ成功の糧とする、そのための「観分判」なのですね。

ところで、NBAのスーパースターだったマイケル・ジョーダン氏のこんな言葉をご存じでしょうか。

「10本連続でシュートを外しても僕はためらわない。次の1本が成功すれば、それは100本連続で成功する最初の1本かもしれないだろう」＊14

この言葉を聞くと、これまでしつこく続けてきた日々を一時の感情で無にしてしまうのは、あまりにももったいないと感じます。

失敗の一歩先に成功は潜んでいると思うのです。

インスタは失敗からうまれた!?

＊14 Forbes JAPAN「新しい一歩を踏み出す人に贈る　突き抜けるための名言10選」より

失敗から生まれた成功は思いの外たくさんあり、おなじみのインスタグラムもその一例です。

インスタグラムは、当初バーブンという位置情報アプリでした。

バーブン自体は全然普及しなかったのですが、「写真の共有機能が最も人気がある」という事実に気づいたことで写真を楽しむＳＮＳに方向転換し、全世界で親しまれるアプリに成長しました。

これ、「リーン・スタートアップ」とよばれる、失敗を成功に生かすれっきとした方法なんです。

アメリカの起業家エリック・リース氏が提唱した理論で、新規事業立ち上げの際に用いるプロセスです。

アップルやグーグルなどが発祥したシリコンバレーでは、無数のベンチャー企業が誕生しましたが成功するのはほんのわずかでした。

そんな中、成功確率を高めようと考え出されたのがリーン・スタートアップで、短期間で仮説と検証を繰り返しながら成功を掘り当てていこうとするものです。

リーン・スタートアップは、始まりの段階からある程度の失敗は織り込み済みで、失敗は成功の母と考えています。

インスタグラムをはじめ、世の中にある成功例の大半はトライ&エラーの繰り返しで生み出されたものといっても過言ではないのです。

一度で成功すればラッキーですが、そうでない場合がほとんどと理解しておけば気持ちも楽になりますよね。

私たちは、やり続けてもいい結果が見えないと落ち込んでしまいがちですが、失敗しても大丈夫。その先に成功があるのだと信じて、軌道修正すればいいだけなんです。失敗を丁寧に「観分判」すれば、必ずや成功への大きなヒントとなる発見を手にできるでしょう。

ダイエットをがんばって続けていても、なかなか体重が減らない。それなら、一つの方法に固執するのではなく、別の方法に切り替えればいいのです。やせたい、という最上位の目標さえぶれなければ。

私も、ダイエットを始めた際ぜんぜん成果が出ず、いろんな方法を試しました。でもね、安心してください。人がいいと言うものは、自分には合わないということが多いものです。自分に合うダイエット法を見つけるまで、3つか、4つはやり方を変えたと記憶しています。

仕事でも勉強でも、同じです。うまく行かないなら、「実験的に別の方法を試してみよう」と思いながらやると、気が楽かもしれませんよ。

繰り返しますが「失敗は成功に至るまでのプロセス」です。リーン・スタートアップの考え方を、あなたのしつこく続けるサイクルに取り入れてみてください。

マイナス思考を手放す

失敗したとき

あなたはどっち？

□ ひたすら落ち込み、自己嫌悪

□ 次、失敗しない方法を考える

みなさん、マイナス思考ってなんだと思いますか?

仕事でミスしたとき、「こんな初歩的なミスをするなんて」とひたすら落ち込む人も、「どうすればこのミスを繰り返さなくて済むだろう?」と考える人もいます。

一つの同じ出来事に対する感じ方や考え方が人それぞれなのは、ベースとなる認知や評価のクセが異なるからです。

マイナス思考も評価のクセの一つで、なんでもかんでも悪いほうへ考えてしまう、「認知のゆがみ」といわれる思考パターンです。極端な例だと、テストで100点でなければ、0点のような価値しかない、と捉えてしまうものです。

最悪の事態を想定するのはリスク回避の点からは一概に悪いとはいえませんが、極端に不合理なマイナスの方向に偏る認知のゆがみには注意が必要です。

ところで、先日、私のユーチューブチャンネルの視聴者からオフィスに電話がありました。

「いつもユーチューブ見てます」という第一声に続けて、

「求職中でハローワークに通っています。動画はためになるのですが、伊庭さんは大手企業で営業成績1位でいらしたんですよね？　僕は反対で、会社で1番できないんです。そんな人でもできるようになる方法が知りたくて電話してしまいました」

「1番できない人間なわけがない！」

というのが率直な第一印象でした。

なぜなら話し方も紳士的、ハローワークに行く行動力もある。おまけにユーチューブの投稿者にアポなし電話をかけるなんて普通の人はなかなかできないと思ったからです。

「1番できないという思い込みが強く悪循環に陥ってしまっている」

と前向きな気持ちがありながら悩む原因を分析しました。

先の認知のゆがみ、マイナス思考が悪影響を及ぼしていると考えたのです。

これに対処するには、自分の認知のゆがみを知ることが必要です。次のページに認知の6つのタイプを示しました。タイプごとに背景となる価値観とセルフトーク例を挙げています。たとえば、「イライラ型」は自己過信ぎみで、「〜であるべき」と考えてしまうものです。「オドオド型」が、いわゆるマイナス思考で、うまくいかなかったとき「どうせ自分は……」と考えてしまうものです。また、「ヘトヘト型」は、完璧思考でつい頑張りすぎてしまうというものです。まずは、背景となる価値観を参考に、自分がどのタイプに近いかセルフチェックしてみてください。

自分との対話で認知を修正する

自分のタイプがわかったら次に行うのが「心の中の自分と対話する」。

偏りがちな考えを持つ自分に対して、

あなたはどのタイプ？

	背景となる価値観	セルフトーク例
イライラ型 （べき思考）	・他人より自分の考えのほうがすぐれているという思い込み ・話の通じない人はいらない	・それもありか ・自分とは違って当たり前 ・急いだところで、そんなに差はない
オドオド型 （マイナス思考）	・たった1度のミスでも、リカバリーが不可能であるとの思い込みがある ・狭い世界の住人	・イチローでも6割はアウト。 だから大丈夫 ・失敗から学べることは多い ・できないことが多いから、成長の余地が大きい。
クヨクヨ型	・悪い出来事は、自分にも必ず責任がある（非論理的な自責）	・過去と他人は変えられない。未来と自分は変えられる ・失敗を繰り返さないためのことを考えよう ・まず、謝ろう
モンモン型	・「満たされない思い」と「根拠のない理想」の 間での葛藤	・今できることをやるしかない ・今、生きているだけでもラッキー。今に感謝 ・明日の悩みを今日は悩まない
ヘトヘト型 （完璧思考）	・迷惑をかけたくない ・手抜きをすることは 不義理である	・休むのも仕事のうち ・70点主義で行こう ・断るのも仕事のうち
ムカムカ型	・自分に悪意を持っているはず（人間関係を誤解）	・受ける指摘は成長の肥やし ・批判歓迎 ・批判を受けて、自分の能力が目減りしているわけではない

※『ストレスに負けない技術ーコーピングで仕事も人生もうまくいく！』（日本実業出版社）を参考に筆者作成

「ちょっと待てよ」

と思考をフラットに戻す言葉かけをしてみてください。

例えば完璧主義でうまく休めない「ヘトヘト型」であれば、疲労を感じたとき、

「休むのも仕事のうちだよ」

と話しかけるというイメージです。

表のセルフトーク例を参考に、試してみてください。

「できない」「うまくいかない」「続かない」といったマイナス思考が、しつこくやり続けることを阻害しているケースが意外と多いのです。

マイナス思考を手放し、しつこさを発揮できる人になりましょう。

「もう限界」と思ったときに効く2つの質問

何かを進めるとき

あなたはどっち？

□ 常にアクセル全開で突き進む

□ アクセルに緩急をつける

「もうダメだ」と思ったときでも肉体的な限界を迎えていないケースがほとんど、という事実をご存じでしょうか。

脳がエネルギーの消費量が多い前頭前皮質の活動にブレーキをかけている、つまり自分の意志によってストップをかけている状態であることが多いのだそうです。

私が営業職だったころは「もうダメ」と思ったとき、少しだけ自分に負荷をかけることを習慣づけていました。

「あと5件電話してみよう」という感じです。すると気がつくと追加の5件を苦もなくかけられるようになり、「ダメ」という気持ちも払拭できました。

自分の限界をどう捉えるか。あきらめるか、少しでもチャレンジを続けるかで到達点がかなり変わるのです。

つらい気持ちをはねのけて挑戦できれば自身のキャパシティが広がり、しつこく続けられる力が育っていきます。

2つの質問で自分を奮い立たせる

限界を感じたときに行ってほしいのが次の2つの質問です。

Q1 このチャレンジを成し遂げたらどんないいことがある？

ビジネスシーンでしたら、社内で評価が上がる、クライアントから褒められる、満足感が得られる、インセンティブ報酬が入る、スキルアップにつながる……などが考えられますね。

さらにいえば、この「いいこと」は、人には言えないような気恥ずかしい妄想であってもいいんです。ライバル社から高額の報酬でヘッドハンティングされる、時代を代表するビジネスリーダーとしてテレビ出演、番組で共演したタレントと結婚、執筆した本が次々にヒット、ついには映画化などなど……　どんどん自分をワクワクさせてください。それが、何よりも大きな原動力となります。

Q2 このチャレンジが成功したら誰か喜ぶ人がいる?

今後の受注につながり部署内に活気が生まれる、エンドユーザーに喜ばれる、同僚、友人、家族が喜んでくれる……などが考えられますね。

この2つの質問を投げかけると、今自分が行っていることは自分の利益にも他者の利益にもなることが再確認できます。

自分の利益だけではやる気が出ないという方でも、他者の利益になると気づけば挑戦しようという気持ちが湧いてくるのではないでしょうか。

逆に「自分が辞めてしまったら、関わる多くの人が困ってしまう」という恐れる気持ちを活力とするのも一手です。

目標をあきらめそうなときは、この2つの質問でしつこく続ける力を充填していきましょう。

最後に注意していただきたいことをいくつかお伝えしますね。

慢性的な疲労がたまっていてがんばれない場合は当然休息が必要ですし、ときには仕切り直しがよい結果を生むこともあります。また、つらくてもがんばり続けろと気合や根性を推奨しているわけでもありません。そこは勘違いしないように気をつけてほしいです。

マラソン選手が棄権する場面をイメージいただくとおわかりのように、「もうダメだ」という精神的な限界と「これは本気でまずい」という危機的な信号とは種類が異なります。混同しないよう注意してください。

本格的につぶれてゲームオーバーになってしまっては元も子もありません。

自分なりの息の抜き方やリフレッシュ法をもち、定期的に実践することもしつこくやり続ける人になるために必要な心がけだと感じます。

私は日ごろから休息をしっかりとることに気を配っていますし、会社員のときはやることをやった上で自分の決めた退勤時間を守るようにしていました。

経営者やフリーランスの場合は、３６５日働いているという方もいらっしゃいますが、自分なりのメリハリの付け方を工夫されている方が多いです。

少しずつ進めばいいのです、いきなり全力疾走はせず、自分のペースで休息も大切にしながら少しずつ進めていきましょう。

「どうすればできるのか？」と問う

なかなか話が通じない相手に対して

あなたはどっち？

□「バカじゃないの」と思う

□「どうしたらわかってもらえるか」と考える

問題に直面したとき、自分の能力不足を理由にあきらめたことはありませんか？

能力ではなく、問題を解決するための課題設定や対策こそ見直すべき項目と心得ましょう。

恋愛の悩みを例に考えていきますね。

ある男性（Aさん）は、彼女（Bさん）との関係がうまくいっていません。付き合い始めて半年。昨日は口ゲンカになってしまい、仲直りをしたい気持ちがありますが方法がわからずにいました。

こんなとき、あなたがAさんならどうしますか？

「自分は相手に合わせることができない」
「あいつは怒りっぽいから話にならない」
などと否定的に入ってしまうとそれ以上の進展は望めなくなります。
自分や相手の能力などに理由を求めるのはNGです。

必要なのは、問題から課題を浮き彫りにすること。そして2人の関係を修復するには何が解決できればよいのかを考える必要があります。

改めて関係が悪くなった過程を振り返ると、最近仕事が忙しく、ゆっくり話す時間がなかったのが原因という思いに至りました。

すると課題は「時間が取れなかったことを謝りつつ、今の相手の気持ちを知ること」になるのではないでしょうか。

課題が見えると対策を立てることができます。

「今すぐ電話をしてみよう」

「仕事終わりにお茶に誘って、話を聞いてみよう」

「休みの日にランチに誘い、話を聞いてみよう。仲直りができたときのために、その後の流れで行ける周囲のデートスポットも調べておこう」

さまざまな対策案の中から今の状況におけるベストなものを選べばいいのです。

対策がしぼれたら、念押しで、再度それがベストな選択か考えましょう。

Aさんは、

「今日は遅いし、明日か明後日、仕事のあと時間が取れないか聞いてみよう」

と決めました。

このように課題を浮き彫りにできれば、必ず対策は講じることができます。

「好き」「嫌い」「面倒だ」「プライドが許さない」といったその場の感情はいったん脇において、**「問題」「課題」「対策」を考える3ステップで物事を解決に導いていきましょう。**

「問題」と「課題」の違いとは？

研修を行っていると、「問題」と「課題」の違いがわからない方が多いと感じます。約9割の方がその違いについて説明できないのです。

「あなたの仕事上の課題は何ですか？」

という私の問いに対して、次のような回答が戻ってきました。

「上司とうまく折り合いがつかないことです」

「残業が多くなってしまうことです」

「営業成績が上がらなくて」

これらはすべて「問題」です。

問題から解決すべき課題をあぶりださなければ対策を打つことはできません。

「問題」と「課題」の違いをしっかりと認識してください。

Aさんの悩みに話を戻してみると、
問題は、「彼女との関係がうまくいっていないこと」。
課題は、「相手の気持ちを知ること」。
対策は、「仕事終わりにお茶に誘い、話を聞いてみること」となります。

話を聞く際は、オープンクエスチョンで質問をしてみてください。
オープンクエスチョンとは、「あなたは○○が好きですか?」のような「はい、いいえ」で答えられる質問や単語で答えられる確認の質問ではなく、自分の思いや考えを自由に答えられる質問です。
質問をする際には「5W1H」を使った問い(太字の部分)を会話に交えながら、相手の気持ちを引き出していきましょう。次のような感じです。

A「いろいろ考えてみたんだけど、ゆっくり話す時間も取れなくて今回は申し訳なかった。最近**どう**思ってたのか、聞かせてくれないかな」
B「仕事が忙しいのは理解できるし、しかたないと思うんだけど。もう少し話を聞いてほしかったかな」

A「そうだよね。できる限り、仕事を抱えすぎないようにするよ。ただ、どうしても仕事に集中しないといけない時期はこれからも出てくると思うんだ。そんなときは**どうしたら**いいと思う？」

B「ちゃんと相談してほしい。状況がわかるだけでも安心するよ」

A「わかった。忙しくなる時期は事前にわかると思うから、ちゃんと連絡するようにします。で、お詫びにと言ってはなんだけど、次の休みは君が行きたいところでデートできればと思っているんだ。**どこ**がいいかな？」

B「うーん、そうねえ、温泉旅行かな。もちろんあなたのオゴリよね？」

Aさんは5W1Hを会話の中に取り入れて、Bさんの気持ちをうまく引き出すことに成功したようです。

Aさんは手痛い出費をする形にはなりましたが、2人は無事に仲直りができました。

仕事でも人間関係でも、何か問題に直面すると「やめます」「異動願いを出します」

「距離を取ります」という対処策を安易にとる方がいらっしゃいます。

しかし、それでは前向きな解決には至りません。

問題が発生したら、感情と切り離して課題を浮き彫りにするよう心がけるクセがつくと、人間関係や仕事でよい結果が出やすくなり、しつこく続けることができるようになるでしょう。

しつこさを最大まで高める3つの方法

大事な仕事をいつやるか

あなたはどっち?

□ 朝は頭が回らないので、重要なことは午後にする

□ 重要な案件は午前中にすませてしまう

最後に、しつこく続けるのをサポートする3つの生活習慣をご紹介します。

呼吸で脳を高速化する

1つめは「呼吸」。私も日ごろのリフレッシュ法として取り入れています。

やらなければいけないことがいくつもあって時間的に余裕がないときなどは普段と異なる精神状態になりますよね。

「ちょっと落ち着いたほうがいいな」と感じたとき、意識して深く呼吸をすると冷静な状況に戻れます、

『スタンフォードの自分を変える教室』(大和書房)でも深呼吸を取り上げており、1分間に4~6回くらいの呼吸数を目安に深い呼吸に変えるようにすすめています。

ゆっくりとした深い呼吸をすると、前頭前皮質が活性化して心拍変動が上昇し、気

分が落ち着いて脳がリフレッシュするのを実感できるそうです。

また、深い呼吸はリフレッシュ以外にも、何かを我慢するときに効果を発揮することがわかっています。

困難な仕事は朝がよい

意志力は一定の量しかないと述べましたが（141ページ）、どんどん減っていくとしたら最大量なのはいつかといえば、十分に睡眠をとった朝と考えられます。

たしかに徹夜明けで疲労困憊のときなどは、意志の力など感じられません。

特別過重なスケジュールではなくても、朝出社してメールをチェックし、返信し、社内会議でプレゼンを行い、クライアントとWEBミーティング……そうこうしているうちに、限りあるあなたの意志力はどんどん削がれているのです。

フロリダ州立大学の心理学者ロイ・バウマイスター氏は著書の中で「意志力は筋肉のように疲労し、また鍛えることができる」と言っています。使うと疲労すると考えると、意志力が夜にかけて徐々に低下するというのも腑に落ちます。

つまり、重要な事柄や決断が必要なことは朝に行うのがベター。

近年「朝活」が流行っていますが、これはある意味理にかなっているのですね。

私自身、朝のほうが何かと効率的だと実感してきましたし、実際にユーチューブの動画撮影は午前の早い時間に集中するなど時間配分を工夫しています。

最も意志力が高い朝に何をするのか、仕事なのかスキルアップなのかプライベートなのかは人それぞれですが、しつこく続けるなかでパフォーマンスが上がらないと感じたときは、1日のタイムスケジュールを練り直すとよいでしょう。

ある出版社の調査では、年収1400万円以上の6割の方が朝型だったという結果も出ているそうです。

朝の時間帯をうまく使うことがしつこさを発揮する秘訣になるのです。

ナッツを食べてしつこさをアップ

しつこくやり続ける習慣づけを後押しする食べ物、それは「ナッツ」です。

ナッツに含まれる不飽和脂肪酸や亜鉛、ビタミンE、ビタミンB6などの栄養素には、集中力を高める効果があるとされています。

また、ナッツは歯応えがよく、脳の働きを活性化する効果も期待できます。噛むことで記憶を司る脳の部位「海馬」が刺激され、記憶力アップもはかれるそうです。

ランチの後で眠気を覚えて午後のパフォーマンスが下がると嘆く方がいらっしゃいますが、食事の量はどうでしょう?

糖質は脳のエネルギーになりますが、取り過ぎると一気に血糖値が上昇し、過血糖になります。この状態が続くと、ブドウ糖が脳に十分に行き渡らず、眠くなるのです。昼食は控えめを心がけ、小腹がすいたらナッツをとるようにすれば、午後のパフォーマンス低下を避け、しつこくやり続けられるようになるでしょう。

第7章

人に嫌われないしつこさ、人を動かすしつこさを身につける

――すべてをぶち壊しにする「悪いしつこさ」

好かれるしつこさ、嫌われるしつこさ

いいしつこさが通じない相手に

あなたはどっち？

□ しつこくすれば、何とかなる

□ しつこさが通じない相手もいるとあきらめる

ここまで、しつこさの重要性をしつこく説いてきました。

本章では、対人関係でしつこさを発揮する場合に、失敗しないための注意点をいくつかお伝えします。

まず押さえてほしい注意点は、
「しつこさが通じない相手がいる」
という事実です。

価値観や立ち位置が異なる人に対し、自分の論法だけでお構いなしに押しまくれば、相手もイヤな気持ちになるでしょう。
もう会いたくない、関わりたくないと関係が断たれる危険性も生じます。

これが「悪いしつこさ」です。

恋愛でいうなら、ストーカーですね。

悪いしつこさだと例えば営業先のお客様が感じた時点で「粘着質な営業」という見方をされます。こうなると、正直、挽回するのはかなり困難になります。

また、相手と立つ土俵が違いすぎるという場合、「あえてあきらめる」という選択をする必要もあるのです。

嫌われるしつこさにならないために

恋愛でもビジネスでも徹底したいのはただ一つ「お相手の気持ちを感じること」です。

「お相手がどう思っているか意識できているか」

「お相手がどう感じているか答えられるか」

を自問自答してみてください。

客観的に自分の言動を振り返り、これらの問いにきちんと答えられるなら大丈夫。でも「あれれ?」と答えに詰まるところがあるなら、アプローチの仕方、やり方の早めの軌道修正が必要です。

相手の気持ちを感じるフィルターがないと、相手に踏み込みすぎるかあるいはまったく踏み込めないかになりがちです。

研修でたくさんの方と出会いますが、意外とこのフィルターを持たないか、はたらきが弱いと感じる方が多いです。

「しつこいやっちゃな……」

と嫌われるのは、ほんの一瞬の言動がきっかけです。

嫌われて打つ手がない状況に陥らないためにも、相手の気持ちを推察し、つねに敏感でありたいものです。

この口グセが成功を遠ざけている

営業トークでは

あなたはどっち？

□ 自分が成し遂げたいことを伝える

□ 相手にしてあげたいことを伝える

「悪いしつこさ」は絶対に避けてもらいたいので、さらにお伝えしますね。

A.「○○してくれない」
B.「きっとわかってくれるはず」
C.「そうするべきだよね」

あなたにはこんな口グセはないですか?
周りの方はどうでしょう?
ちょっと観察してみてください。

A、B、Cは、いずれも自分ファーストの人がよく発する言葉です。

Aは「手伝ってくれない」のように使われますが、この発言は「手伝ってくれるはず」という「自分の基準」や思い込みが前提になっています。自分のことばかりで、相手や全体は見えていません。

Bは、自分のいいように解釈している発言ですね。相手がどう思うかは、第三者には推測の域を出ないのに、です。

Cも自分が正しいと思う基準が前提になってしまっています。実に当たり前のことですが、人が持つ基準は各人異なるのに、です。

相手軸が必要なシーンは要注意

第3章でもお伝えしたとおり、Willはトコトン自分軸でOKです。ダイエットや読書習慣をつけるとか、関わるのが自分だけであるなら自分軸を突き詰めるので問題ないでしょう。

しかし、仕事や恋愛など、他の人が関わってくる場合は、「相手軸」を意識することが重要になってきます。

就職活動のことを思い出してみてください。

就活を始めると、自己分析をして、自分の強み・弱み、やりたいこと、できることなどを洗い出したという人も多いと思います。要は、自分軸の確認ですね。そして、その自分軸にかなうような企業を探してエントリーを行います。

ただ、エントリーシートや面接で、

「私は〜〜がやりたいので、御社を志望します」

「〜〜を通じて、成長していきたい」

といった、自己都合の話だけに終始してしまった、そんな経験はないでしょうか。これは、問われる質問に自己紹介とか自己PRなど「自己」という言葉が、含まれているのも要因の一つだとは思います。なんとなく、自分のことを主張しなくては、という気になりますからね。

しかし、実際に自己都合の話ばかりだと、おそらく採用担当者から芳しい反応はかえってこなかったのではないかと思います。

企業は、この学生は自社にどう貢献してくれるか、を見ています。相手軸、他者貢献の視点が大事になります。相手軸（企業の求めるもの、ビジョン）に対して、自分軸がどう合致するかをアピールしないと、内定にはつながりにくいものです。

また、次のような上司の問いに答えた部下の発言はいかがでしょうか。

上司「お客様から納期を早められないかと打診があってね」
部下A「3カ月も前から予定はお伝えしているのにおかしいですよね」
部下B「そうなんですね、私にできることはありますか」

部下Aさんが、「おかしい」と判断しているのは自分軸でです。お客様は「早めたい」と考えている、そこを理解して受け止められていません。予定を伝える自分の義務は果たしている、という自分軸の発言で、相手の思いには心を寄せられていません。

部下Bさんは、お客様の要望を受け止めて、自分の言動を見直そうとしています。フォロワーシップにあふれた、相手軸を考えた発言です。

繰り返しになりますが、自分軸のしつこさは他者に対しては「悪いしつこさ」に映ります。

相手にしつこく思われないためには、部下Bさんのような相手軸を尊重した語りをしてほしいのです。

シーンごとに、自分軸で押し進めていいのか、相手軸も念頭におく方がいいのか瞬時に判断できるようにしましょう。

相手がどういうタイプの人間かを見極める

鉄板トーク
をどう使う

あなたはどっち?

□ 鉄板トークで、どんな相手にも同じように接する

□ 鉄板トークも、相手によって使い分けする

「似合いの彼女だね」

学生時代の友達に彼女を紹介したとき、こんなふうに言われたらどう感じますか。

「そうだろ、かわいいだろう」

とニコニコ顔になる方もいるでしょうし、

「何だよ、皮肉っぽいな」

と気分を害する方もいるかもしれません。


同じ言動に対しても、本人と相手それぞれのタイプ、関係性、シチュエーションなどさまざまな条件で受ける印象が変わることは経験的に理解できると思います。

相手のタイプを見極めるのに参考になるのが「ソーシャルスタイル理論」です。

1968年に心理学者のデビット・メリル氏が提唱したコミュニケーション理論で、人を「感情」と「自己主張」を軸に4つのタイプに分類します。

分類が絶対というわけではありませんが、考え方や特徴の傾向をつかむ参考になります。４タイプを簡単に確認しておきましょう。

1. ドライバー

自分の意見は主張しますが、感情的にならず冷静で合理的。早口で淡々と自分の意見を言う。結果を重視し、過程にはこだわりません。競争心が強くて行動が早い。目的のためには、厳しい判断も辞さない人。有名人だと、ビートたけし氏のようなイメージです。

2. エクスプレッシブ

自己主張が強く感情的で、主体的です。承認欲求が強く、挑戦的に行動するタイプです。新しいこと、話題性のあることも好きな人。有名人だと、明石家さんま氏のようなイメージです。

3. アナリティカル

話すより聴くことが多く、自己主張は控えめ。観察眼に優れ、データや情報を分析し、独自の見解を持つ人。冷静で論理的に考えるのが得意なタイプです。有名人だと、タモリ氏のようなイメージです。

4. エミアブル

周囲の感情や意見、調和を大切にします。サポートをしたり、話を聞いたりするのが好きです。明るい雰囲気で、人の気持ちや全体の調和を重視する人。有名人だと、小堺一機氏のようなイメージです。

まずは、自分のタイプを確認し、どんなコミュニケーションの傾向があるのかつかんでおきましょう。

次に相手のタイプを確認します。

タイプ別にどんな対応が苦手かまとめると、次のようになります。

「悪いしつこさ」にならないためにも、参考にしてみてください。

ソーシャルスタイル理論の4タイプ

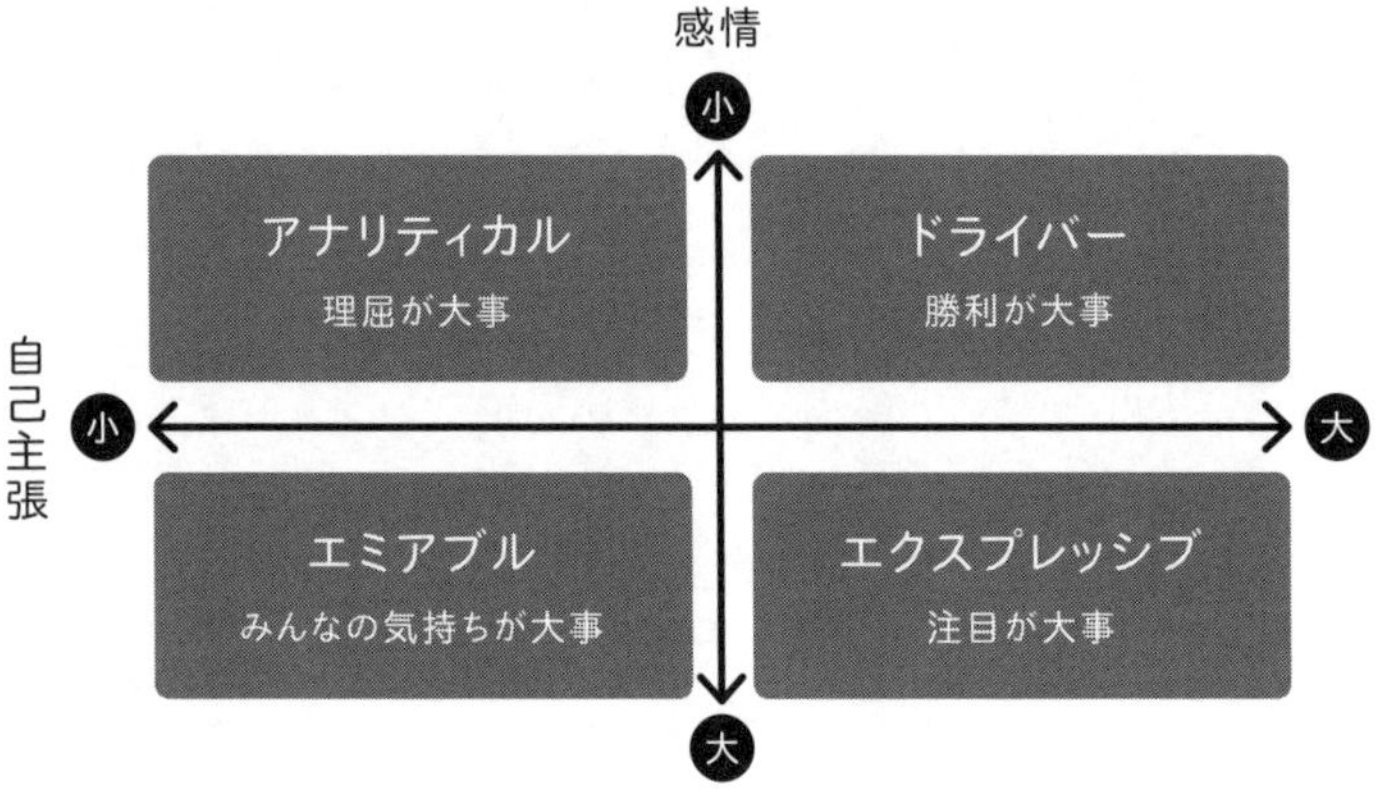

相手が、合理的な「ドライバー」の場合

遠慮して、曖昧な言いまわしだと、イラっとさせてしまいます。

結論から伝えず、言い訳がましく状況説明から話すと、ムカつかれます。「準備」「調査」など手間に時間をかける人に対して敵意すら感じることもあります。

相手が、注目されたい「エクスプレッシブ」の場合

笑顔で関心を示さないと、「関心がないの？」と誤解されます。

「でも」「それもそうですが」とすぐに否定的な反応をするとイラつかれます。
「他と一緒がいいのでは？」といった保守的な言動は面白くない人と思われます。

相手が、理屈や慎重さを大事にする「アナリティカル」の場合

「とりあえず」とノリで押し切ろうとすると、「頭が悪い」と思われてしまいます。
「うまく行かない」ことを想定し、予防策を考えないと、ヌルいと思われます。
「事実」と「意見」が混同する会話では、話していることが理解されないことも。

相手が、みんなの感情を大事にする「エミアブル」の場合

「こうしましょう！」と自己主張が強すぎると、ストレスを感じます。
周囲の人への配慮のない言動をする人は、距離を置かれることも。
会話の際、笑顔がないと、怖いと思われてしまいます。

悪いしつこさにならないためには、相手軸を考える必要があります。ソーシャルスタイル理論は、悪いしつこさにつながるNG言動を防ぐのに役立ちます。

しつこいと思われない人がやってる「話し方」のコツ

セールスの際には

あなたはどっち?

□ 商品を売ること、商品説明が大事

□ 相手が喜ぶ情報の手土産が大事

しつこいと思われない話し方のポイントも押さえておきましょう。

1. しつこく伝えるよりも、相手の話を真剣に聞く

自分のことを語りすぎる人は、勢い自分軸になりがちで、相手に「しつこい」という印象を抱かせてしまいます。

意識して、相手の話に真剣に耳を傾けましょう。

2. 相手がほしいと思う、情報を手土産にする

「近くまで来たので会っていただけませんか？」

というセリフは営業職の人なら一度は使ったことがあるでしょう。

しかし考えてみると、近くまで来たのも、会いたいのも「自分軸」。

「お宅の都合だけだよね」

と思われるかもしれません。

そもそも、営業という職種は「自分にものを売りつける人」。相手からするとネガティブな存在です。

会いたいと思わせるには、何かしらのメリットを提供することを意識しましょう。

これは、社会心理学者のロバート・B・チャルディーニ氏が提唱した「好意の返報性」という作用がはたらいています。

人は何かをしてもらったら返したくなるのです。友達にコーヒーをおごってもらったら、ちょっとしたお返しのチャンスを考えますよね。

相手が喜ぶことをすれば、会いたいと思ってもらえますし、「しつこい」と思われるリスクも下がります。「相手軸」が大事なんです。

3．聞きにくいことには「点数」をつけてもらう

相手の本心を聞き出したいと考えるとき、いつもよりぐいぐい質問をして、相手に引かれた経験はありませんか？

そんなときは、点数をつけて答えてもらうように質問すると、意外とサラリと本音に迫れるようです。

例えばこんな具合です。

営業　「お使いのコピー機の調子はいかがですか？」

お客様「今のところ問題ないよ」
営業「そうですか、よかったです。一つ質問させていただいてもよろしいでしょうか？　もし今のコピーの使い勝手を10点満点で評価すると、何点でしょうか？」
お客様「点数か、そうだな。7点ぐらいかな」
営業「7点なのですね。どんなところがあれば10点になりますでしょうか？」
お客様「コピー機の速度が少し遅いから、スピードアップだね」
本音に近づければ、次にどんなご提案をすればお客様に喜んでいただけるか、参考になりますよね。

4. 相手を思う一言を添える

先輩との会話です。
A先輩「伊庭、『○○』読んだか」
私「いや、まだ読んでないです」
A先輩「あの本は役立つから、読め」

B先輩「伊庭、『〇〇』読んだか」
私　「いや、まだ読んでないです」
B先輩「前に伊庭が話していた悩みを解消するヒントになると思うよ」

A先輩もB先輩も、私のことを思って本をすすめてくださっています。

どちらも後輩を思う気持ちは同じなのですが、「読め」と一方的におっしゃるA先輩よりも、私を思って本をすすめてくれたことが伝わるB先輩の語りの方がスーッと入ってきました。

話し方ひとつで、相手が受ける印象が大きく変わること、相手の気持ちを大切にした語りになっているか、つねに意識しましょう。

おわりに

本書をお読みいただきありがとうございました。
いかがでしたか？
いいしつこさ、身につきそうと感じていただけましたか？

幸せを手に入れるにはいいしつこさが大事。

これは、ちょっとかっこよくいうなら、私が自身の経験から得た、よりよく生きるためのコツです。
気合や根性論は不要で、しっかり理解すれば誰でも発揮できるようになる「しつこさ」を身につけるセオリーをご紹介してきました。

しつこくやり続ける力がある人には、失敗は存在しません。

なぜなら、全てが乗り越えられるもの、未来へ続く実験と考えられるようになり、つねに新たな挑戦として楽しめるようになるからです。

しつこくやり続けた結果、自分が思い描いた人生を歩めるようになります。

しつこさという武器をガッチリと手に入れてほしい。

そして、しつこさを習慣づけ、人生を楽しく、幸せに、と願ってやみません。

主な参考・引用文献 ※順不同

『営業の一流、二流、三流』伊庭正康（明日香出版社）

『計算ずくで目標達成する本』伊庭正康（すばる舎）

『できる営業は、「これ」しかやらない 短時間で成果を出す「トップセールス」の習慣』伊庭正康（PHP 研究所）

『できるリーダーは、「これ」しかやらない メンバーが自ら動き出す「任せ方」のコツ』伊庭正康（PHP 研究所）

『結果を出す人がやっている！ 仕事を「楽しくする」方法』伊庭正康（明日香出版社）

『やり抜く力　人生のあらゆる成功を決める「究極の能力」を身につける』アンジェラ・ダックワース／神崎朗子（訳）（ダイヤモンド社）

『実践版 GRIT（グリット）　やり抜く力を手に入れる』キャロライン・アダムス・ミラー／宇野カオリ（監修）／藤原弘美（訳）（すばる舎）

『GRIT 平凡でも一流になれる「やり抜く力」』リンダ・キャプラン・セイラー／ロビン・コヴァル／三木俊哉（訳）（日経 BP）

『ハーバード・ビジネス・レビュー［EIシリーズ］幸福学』ハーバード・ビジネス・レビュー編集部編／ DIAMOND ハーバード・ビジネス・レビュー編集部（訳）（ダイヤモンド社）

『幸福優位7つの法則　仕事も人生も充実させるハーバード式最新成功理論』ショーン・エイカー／高橋由紀子（訳）（徳間書店）

『やり抜く人の9つの習慣　コロンビア大学の成功の科学』ハイディ・グラント・ハルバーソン／林田レジリ浩文（訳）（ディスカヴァー・トゥエンティワン）

『かばんはハンカチの上に置きなさい　トップ営業がやっている小さなルール』川田修（ダイヤモンド社）

『ニトリの働き方』似鳥昭雄（大和書房）

『スタンフォードの自分を変える教室』ケリー・マクゴニガル／神崎朗子（訳）（大和書房）

『松下幸之助 成功の金言 365』松下幸之助／ PHP 研究所編（PHP 研究所）

『成功するには ポジティブ思考を捨てなさい 願望を実行計画に変える WOOP の法則』ガブリエル・エッティンゲン／大田直子（訳）（講談社）

『マインドセット「やればできる！」の研究 』キャロル・S・ドゥエック／今西康子（訳）（草思社）

『WILLPOWER　意志力の科学』ロイ・バウマイスター／ジョン・ティアニー／渡会圭子（訳）（インターシフト）

『夢をつかむイチロー 262 のメッセージ』『夢をつかむイチロー 262 のメッセージ』編集委員会（ぴあ）

『トップアスリートたちが教えてくれた 胸が熱くなる 33 の物語と 90 の名言』西沢泰生（PHP 研究所）

『孫正義 事業家の精神』井上篤夫（日経 BP）

『あえて、レールから外れる。逆転の仕事論』堀江貴文（双葉社）

『ベゾス・レター　アマゾンに学ぶ 14 ヵ条の成長原則』スティーブ・アンダーソン／カレン・アンダーソン／加藤今日子（訳）（すばる舎）

『ストレスに負けない技術ーコーピングで仕事も人生もうまくいく！』田中ウルヴェ京／奈良雅弘（日本実業出版社）

『クリエイティブの授業（STEAL LIKE AN ARTIST）』オースティン・クレオン／千葉敏生（訳）（実務教育出版）

『DIAMOND ハーバード・ビジネス・レビュー　2018 年 3 月号』（ダイヤモンド社）

(株)らしさラボ　代表取締役

伊庭正康（いば・まさやす）

1991年リクルートグループ入社。求人事業の営業に配属。全国年間を通じてのトップを4回、累計40回以上、トップセールス、トップマネジャーとして表彰。その後、営業部長、関連会社の代表取締役を歴任。

2011年、研修会社「らしさラボ」を設立。「らしさ」を活かし、営業力強化、リーダーシップ、フォロワーシップ、タイムマネジメント、ストレス対策の研修・講演・コーチングを実施。企業研修には、約年200回の登壇をし、そのリピート率は9割を超える。

また、誰もが受講できる世界5000万人が受講するWebラーニング「Udemy」でも営業を始めとしたコンテンツを提供。ベストセラーコンテンツとして紹介されている。

著書に『できるリーダーは、「これ」しかやらない（PHP研究所）』『できる営業は、「これ」しかやらない（PHP研究所）』『目標達成するリーダーが絶対やらないチームの動かし方（日本実業出版社）』『結果を出す人がやっている！仕事を「楽しくする」方法（明日香出版社）他多数の書籍がある。日本経済新聞、ビジネス誌から女性誌まで、幅広くマスコミでも紹介される。

※無料メールセミナー（全8回）「らしさラボ無料メールセミナー」、YouTube「研修トレーナー 伊庭正康のスキルアップチャンネル」、音声メディアの『Voicy』でも スキルを配信中。

結局、「しつこい人」がすべてを手に入れる

発行日　2021年 6月 4日　第1刷

著者　　伊庭正康

本書プロジェクトチーム
編集統括　柿内尚文
編集担当　多湖元毅
編集協力　清水祐子、篠原章公
装丁　井上新八
本文デザイン・DTP　出渕諭史（cycledesign）
校正　東京出版サービスセンター

営業統括　丸山敏生
営業推進　増尾友裕、藤野茉友、綱脇愛、大原桂子、桐山敦子、矢部愛、寺内未来子
販売促進　池田孝一郎、石井耕平、熊切絵理、菊山清佳、吉村寿美子、矢橋寛子、遠藤真知子、森田真紀、大村かおり、高垣知子、氏家和佳子
プロモーション　山田美恵、林屋成一郎
講演・マネジメント事業　斎藤和佳、志水公美

編集　小林英史、舘瑞恵、栗田亘、村上芳子、大住兼正、菊地貴広
メディア開発　池田剛、中山景、中村悟志、長野太介
管理部　八木宏之、早坂裕子、生越こずえ、名児耶美咲、金井昭彦
マネジメント　坂下毅
発行人　高橋克佳

発行所　株式会社アスコム

〒105-0003
東京都港区西新橋2-23-1　3東洋海事ビル
編集部　TEL：03-5425-6627
営業局　TEL：03-5425-6626　FAX：03-5425-6770

印刷・製本　株式会社光邦

Printed in Japan ISBN 978-4-7762-1144-0